Dr. Sylvia Blümel, Dr. Peter Fischer-Colbrie, Dr. Erhard Höbaus

Grundwissen Nützlinge

Helfer im zeitgemäßen Pflanzenschutz

1. Auflage

Bestellnummer 02179

Bildungsverlag EINS

Autoren:
Univ.-Doz. Dipl.-Ing. Dr. Sylvia Blümel, Bundesamt und Forschungszentrum für Landwirtschaft
Dipl.-Ing. Dr. Peter Fischer-Colbrie, Österreichische Bundesgärten
Dr. Erhard Höbaus, Bundesministerium für Land- und Forstwirtschaft

Schriftleitung und Redaktion:
Univ.-Doz. Dr. Gerhard Bedlan, Institut für Pflanzengesundheit in der Österreichischen Agentur für Gesundheit und Ernährungssicherheit GmbH, Wien

Die Originalausgabe ist im Verlag Jugend & Volk Ges.m.b.H., Wien unter der ISBN 3-224-16422-0 erschienen.

www.bildungsverlag1.de

Gehlen, Kieser und Stam sind unter dem Dach des Bildungsverlages EINS zusammengeführt.

Bildungsverlag EINS
Sieglarer Straße 2, 53842 Troisdorf

ISBN 3-427-**02179**-3

INHALTSVERZEICHNIS

VORWORT

Ein wesentliches Element des modernen integrierten Pflanzenschutzes ist die Einbeziehung der natürlichen Gegenspieler von Schädlingen in die Gesamtheit der Pflanzenschutzmaßnahmen.

Da bei der Regulierung von Schädlingspopulationen Nützlinge wichtige Helfer sind, kommt ihrem Schutz und ihrer Förderung große Bedeutung zu.

Die Vielfalt der Nützlinge macht es für den Praktiker oft schwierig, bestimmte Tiere als Nützlinge zu erkennen und sie zu schützen und zu fördern.

Dieses Buch soll daher einige der wichtigsten Nützlinge in Farbabbildungen und Zeichnungen darstellen und einen kurzen Überblick über ihre Biologie, ihre Wirkung auf Schädlinge, ihre Stellung in landwirtschaftlich genutzten Lebensräumen und ihre Einsatzmöglichkeit im Rahmen biologischer und integrierter Pflanzenschutzmaßnahmen geben.

Es wird damit die Hoffnung verbunden, dass diese Ausführungen zur Beobachtung und Beschäftigung mit Nützlingen anregen und dadurch zu ihrem Schutz und ihrer Förderung beitragen.

Die Autoren

I. EINLEITUNG

1. DIE WECHSELBEZIEHUNGEN ZWISCHEN ORGANISMEN UND UMWELT

Alle in der Natur vorkommenden Organismen sind von ihrer Umwelt abhängig und beeinflussen ihrerseits diese wieder. Diese Wechselwirkungen zwischen Organismen und unbelebter Natur und den Organismen untereinander sind Gegenstand der Wissenschaft der **Ökologie**.

Auf jedes Lebewesen wirken **unbelebte** oder **abiotische Faktoren** der Umwelt ein, wie zum Beispiel die Einflüsse des Klimas, des Lichtes, des Bodens oder des Wassers.

Jedes Lebewesen steht aber auch mit anderen Lebewesen in Beziehung. Alle Einflüsse, die von anderen Lebewesen auf Organismen ausgeübt werden, bezeichnet man als **biotische Faktoren** (z. B. Nahrung, Feinde, Beziehungen zu Artgenossen zur Fortpflanzung oder in sozialen Strukturen).

Unbelebte und belebte Faktoren schaffen und erhalten an bestimmten Orten die charakteristischen Tier- und Pflanzenbestände eines Waldes, einer Wiese, einer Kulturlandschaft, die ihrerseits wieder auf die Umwelt (Boden, Klima) zurückwirken.

Der Lebensraum mit allen seinen Umweltbedingungen ***(Biotop)*** und die Lebensgemeinschaft aller dort vorkommenden Organismen **(Biozönose)** bilden ein funktionelles System **(Ökosystem)**. Die Summe aller Ökosysteme der Erde (Wälder, Seen, Meere, Kulturlandschaften, Berge usw.) bilden die **Biosphäre (Ökosphäre)**.

In einem abgegrenzten Lebensraum **(Biotop)** bildet sich in einer Lebensgemeinschaft durch Zusammen- und Gegeneinanderwirken aller Organismen ein Gleichgewicht zwischen allen beteiligten Tier- und Pflanzenarten aus **(ökologisches Gleichgewicht)**, das ein dynamisches ist. Nach störenden Einflüssen entsteht ein neues Gleichgewicht.

Ursprüngliche, natürliche Ökosysteme ohne den Eingriff des Menschen gibt es heute nur noch wenige (z. B. Regenwald). Die Eingriffe des Menschen begannen schon in der Jungsteinzeit mit der Rodung von Wäldern, Beweidung durch Nutzvieh und Ackerbau, die die ursprüngliche Landschaft sehr veränderten, aber im Vergleich zur Gegenwart weniger umweltschädigend waren.

Mit der steigenden Zivilisierung und Industrialisierung und der starken Vermehrung der Menschheit wurde der Einfluss des Menschen auf die Lebensräume besonders in unserem Jahrhundert immer stärker.

Durch fortschreitende Mechanisierung und Verwendung weniger, hochgezüchteter Kultursorten in Reinbeständen und auf Großflächen in enggliedrigen Fruchtfolgen entstanden artenarme und daher anfällige Ökosysteme.

Diese vom Menschen geschaffenen Ökosysteme bringen zwar als Monokulturen eine höhere biologische Stoffproduktion (Erntegüter) als naturnähere Systeme, doch sind sie auch anfälliger für Schädlinge, Krankheiten und Verunkrautung.

In natürlichen Ökosystemen sind der Massenvermehrung eines Lebewesens enge Grenzen gesetzt, da Feinde und Konkurrenten die Ausbreitung beschränken. Ein im Gleichgewicht befindliches biologisches System reguliert Störungen rasch wieder.

Die Gleichförmigkeit der Vegetation auf landwirtschaftlich oder forstwirtschaftlich genutzten Flächen begünstigt dagegen z. B. einseitig bestimmte Tier- oder Pilzarten, die durch Massenvermehrung zu Schädlingen an den Kulturpflanzen werden können.

Da in Monokulturen viele ökologische Nischen einer natürlichen Landschaft mit ihren angepassten Lebewesen fehlen, fallen auch einige Arten weg, die als Feinde oder Konkurrenten der nun begünstigten Schädlinge wirken könnten.

Trotzdem können aber auch in Reinbeständen eines Feldes Organismen zur Regulierung von Schädlingen wirksam beitragen: Marienkäfer, Florfliegen und Schwebfliegen sind beispielsweise sehr wirksame Vertilger von Blattläusen. **NÜTZLINGE** als **HELFER** bei der **UNTERDRÜCKUNG VON SCHÄDLINGSPOPULATIONEN** zu erhalten und zu fördern ist ökologisch und ökonomisch sinnvoll, um die Möglichkeit der Selbstregulation zu erhalten.

Das Rad der Zeit in der Landwirtschaft zurückzudrehen und generell in artenreichen, relativ stabilen landwirtschaftlichen Ökosystemen zu produzieren ist nicht mehr möglich, da mit diesen Arbeitsmethoden nur ein kleiner Teil der Weltbevölkerung ernährt werden könnte.

Während noch 1850 4 Landwirte zusätzlich 1 Person ernährten, versorgte 1990 1 Landwirt bereits 68 zusätzliche Personen.

Der **Mangel an Arbeitskräften**, die **steigenden Lohnkosten** und die **Konkurrenzsituation auf dem Agrarmarkt** machen es notwendig, die Anbaumethoden zu technisieren und zu rationalisieren, ertragreiche Kultursorten zu verwenden, mineralische Dünger zuzuführen und gezielten Pflanzenschutz zu betreiben.

Die vom Verbraucher und Handel gestellten **hohen Anforderungen** an die Qualität pflanzlicher Produkte, die gesetzlich **festgelegten Qualitätsnormen** und die **veränderten Ernährungsgewohnheiten** tragen ebenfalls zu den veränderten Produktionsbedingungen bei.

2. DAS EINGREIFEN DES MENSCHEN IN LANDWIRTSCHAFTLICHE ÖKOSYSTEME DURCH PFLANZENSCHUTZMASSNAHMEN

Mit der landwirtschaftlichen Produktion und Lagerung der Ernteprodukte ist seit jeher auch die Notwendigkeit von Pflanzenschutzmaßnahmen verbunden.

Trotz der in früheren Jahrhunderten artenreicheren landwirtschaftlichen Kulturen wurden, besonders wenn die Selbstregulierungsfaktoren zur Sicherung der Ernte zu spät kamen, durch die damals recht unzulänglichen Möglichkeiten gegen Schädlinge vorzugehen, immer Missernten und dadurch Hungersnöte ausgelöst.

Aber selbst heute gibt es in vielen Gebieten der Erde noch dasselbe Problem.

Massive Eingriffe in die Lebensgemeinschaften landwirtschaftlicher und gärtnerischer Kulturen durch Pestizide aber waren bis zur Entwicklung der modernen Pflanzenschutzmittel in den letzten Jahrzehnten relativ beschränkt möglich.

Durch unselektive Mittel und Verfahren kam es zu starken Beeinträchtigungen nicht nur der Schädlingspopulationen, sondern auch der Populationen der übrigen, oft recht nützlichen Organismen eines Lebensraumes.

Der Rückgang der Artenvielfalt bei Pflanzen und Tieren in einem landwirtschaftlich genutzten Lebensraum ist aber nicht primär auf die Anwendung von Pflanzenschutzmitteln zurückzuführen, sondern auf die grundlegenden Änderungen im Landbau und in unserer gesamten Umwelt.

Der intensive und oft einseitige Einsatz chemischer Pflanzenschutzmittel zeigt auch negative Auswirkungen:

- Möglichkeit der Umweltbelastung
- Auftreten von Resistenzerscheinungen gegenüber Wirkstoffen von Pestiziden bei Schädlingen, Krankheitserregern und Unkräutern
- schnellere Aufeinanderfolge von *Massenvermehrungen von Schädlingen* durch direkte Förderung oder *durch Beeinträchtigung ihrer Gegenspieler*
- Gefahr unerlaubter Rückstände von Pflanzenschutzmitteln in Ernteprodukten.

Da Pflanzenschutz unumgänglich notwendig ist, um für die ständig wachsende Menschheit die Ernte zu sichern, versucht der **integrierte Pflanzenschutz** ökonomische und ökologische Erfordernisse in Einklang zu bringen.

Integrierter Pflanzenschutz bedeutet, alle ökonomisch, ökologisch und toxikologisch vertretbaren Methoden anzuwenden, um Schadorganismen unter der wirtschaftlichen Schadensschwelle zu halten, wobei die bewusste Ausnützung natürlicher Begrenzungsfaktoren im Vordergrund steht. Auf die Ziele und Methoden des integrierten Pflanzenschutzes wird in Kapitel V näher eingegangen.

Hauptgegenstand dieses Buches, als ein wesentliches Element im Konzept des integrierten Pflanzenschutzes, sind die

NATÜRLICHEN BEGRENZUNGSFAKTOREN

zu denen neben klima- und standortbedingten Einflüssen auch die *Wirkungen natürlicher Feinde auf Schädlinge* gehören.

Da im Land- und Gartenbau die wichtigsten Feinde der Schädlinge aus dem Reich der Insekten stammen, sollen die Grundprinzipien am Beispiel der Insekten dargestellt werden, obwohl natürlich zahlreiche nützliche, nutzbare, indifferente und schädliche Tiere auch aus anderen Tiergruppen stammen.

II. DIE INSEKTEN UND DER MENSCH

Insekten und Menschen leben gemeinsam in fast allen Lebensräumen der Erde und stehen dadurch in vielerlei Beziehungen.

Aus der Sicht und Beurteilung des Menschen kann man die Insekten in schädliche, nützliche, nutzbare und neutrale (indifferente) Arten einteilen.

Diese Bewertung ist nicht absolut. Sie kann an verschiedenen Orten der Welt anders sein und sich auch mit dem Stand der Zivilisation ändern.

1. SCHÄDLICHE INSEKTEN (= SCHÄDLINGE)

Schädliche Insekten sind solche, die dem Menschen an seiner Gesundheit oder an seinen lebenden und toten Gütern Schaden zufügen oder bei Massenauftreten lästig fallen („Lästlinge“). Allein 10.000 Insektenarten haben als Schädlinge größere Bedeutung.

Schädlinge an den Kulturpflanzen und in den Vorratslagern vernichten einen großen Teil der sonst zu erzielenden Erntemengen der landwirtschaftlichen Weltproduktion.

2. NÜTZLICHE INSEKTEN (= NÜTZLINGE)

Nützliche Insekten sind solche, die durch ihre Lebenstätigkeit dem Menschen Nutzen bringen. Sie unterstützen seine wirtschaftlichen Bestrebungen, indem sie zum Beispiel Blüten bestäuben oder den Schädlingen von Kulturpflanzen entgegenarbeiten.

Nützlinge sind meist Räuber oder Parasiten tierischer Schädlinge. Aber auch Pflanzenfresser, die Unkräuter fressen und sie an der Ausbreitung hindern, können Nützlinge sein.

3. NUTZBARE INSEKTEN (= NUTZINSEKTEN)

Nutzbare Insekten sind solche, die selbst oder deren Erzeugnisse vom Menschen verwendet werden, und zwar zur Ernährung, Bekleidung, als Arznei, Schmuck u. a. m.

Schon seit etwa dem 7. Jahrtausend v. Chr. wird die Honigbiene von Menschen als Honig- und Wachsproduzent genutzt. Bereits im 4. Jahrtausend v. Chr. wurde der chinesische Maulbeerseidenspinner (*Bombyx mori*) zur Seidengewinnung gehalten.

Die indische Lackschildlaus *(Tachardia lacca)* wird zur Schellackgewinnung verwendet, die mexikanische Schildlaus *(Dactylopius coccus)* liefert den Farbstoff Karmin. Der getrocknete Honigtau der Syrischen Tamariskenschildläuse *(Trabutina mannipara)* ist schon aus der Bibel als Manna bekannt.

In der Volksmedizin werden immer wieder Insekten als Heilmittel verwendet. Bekannt sind die „Spanischen Fliegen" (der Käfer *Lytta vesicatoria*), die wegen ihres Cantharidingehaltes zur Herstellung Blasen ziehender Pflaster verwendet werden.

4. NEUTRALE (INDIFFERENTE) INSEKTEN

Indifferente Insekten sind solche, die den Menschen offensichtlich weder schädlich, nützlich oder nutzbar sind. Die Mehrzahl der Arten in einem Biotop sind aus der subjektiven Sicht des Menschen indifferente. Sie stellen aber unverzichtbare Teile eines jeden Ökosystems dar.

5. WIRKUNGSWEISE VON NÜTZLINGEN

5.1 RÄUBER *(EPISIT)*

Als Räuber kann man Organismen bezeichnen, die andere lebende Tiere überwältigen und teilweise oder ganz verzehren. Sie töten ihre Beute meist sofort (im Gegensatz zu den Parasitoiden, s. u.) und benötigen im Lauf ihrer Entwicklung in der Regel mehr als ein Individuum einer Art zur Ernährung.

Nach der Art des Beutefanges kann man die Räuber u. a. unterteilen in

- *lauernde Räuber,* deren Sehen besonders gut ausgestattet ist (z. B. Gottesanbeterin, Libellenlarven, viele räuberische Landwanzen),
- *Pirschjäger,* die keine großen Fangapparate und keine großen Geschwindigkeiten beim Anfliegen und Angehen der trägen Beutetiere benötigen (Marienkäfer und ihre Larven, Blumenwanzen, Schwebfliegenlarven [Abb.1] u. a.), die zum Beispiel Blattläuse als Beutetiere haben), und
- *Flugjäger,* die sich rasch und gut im Luftraum bewegen und die Beute mit verschiedenen Greiforganen fassen können (z. B. Libellen [Abb. 2], Raubfliegen) sowie
- *Schwimmjäger, Gleitjäger* u. a.

Die Mundwerkzeuge der Räuber müssen für die Nahrungsverarbeitung der Beutetiere geeignet sein und können beispielsweise beißend (Käfer und ihre Larven), zu Saugzangen umgebildet (Larven von Florfliegen, Abb. 3) oder stechend saugend (Wanzen) sein.

Abb.1.: Schwebfliegenlarven ergreifen mit ihren Mundhaken Blattläuse, heben sie hoch und saugen sie aus.

Abb. 2: Libellen können als gewandte Flugjäger auch weit entfernt von ihren Bruträumen (Gewässern) in landwirtschaftlichen Kulturen nach Beutetieren jagen.

Abb. 3: Beeindruckend sind die Saugzangen von Netzflüglerlarven, mit denen sie ihre Beute zangenartig umfassen und aussaugen.

Nach der Schutzwirkung unterscheidet man bei den räuberischen Tieren zwischen Schutzräubern und Säuberungsräubern.

Schutzräuber sind bereits vor der Massenvermehrung eines Schädlings in ausreichender Zahl vorhanden. Sie sind keine Nahrungsspezialisten. Falls nicht ausreichend Schädlinge als Nahrung anzutreffen sind, können sich Schutzräuber auch durch Ersatznahrung (indifferente Lebewesen, pflanzliche Nahrung) am Leben erhalten. Typische Schutzräuber sind Raubmilben (Spinnentiere), die sich in Ermangelung von Spinnmilben auch von Blütenpollen ernähren können (Abb. 4).

Säuberungsräuber treten erst nach einer Schädlingsvermehrung in Erscheinung und wandern nach Vertilgung der Schädlinge wieder ab. Es handelt sich dabei meist um gut fliegende Insekten, wie zum Beispiel Florfliegen und Marienkäfer (Abb. 7).

5.2 PARASITEN (SCHMAROTZER)

Schmarotzer sind Organismen, die – vereinfacht ausgedrückt – auf Kosten eines Wirtes von dessen Körpersubstanz leben und ihn schädigen, ohne ihn abzutöten. Typische Schmarotzer sind z. B. parasitäre Pilze, Borkenkäfer, minierende Larven.

5.2.1 Parasitoide (Parasitenähnliche, Raubparasiten)

Als Parasitoide bezeichnet man solche Schmarotzer, die – im Gegensatz zu echten Parasiten – ihre Wirte am Ende ihres parasitischen Lebens regelmäßig abtöten.

Typische Parasitoide sind *Schlupfwespen* und *Raupenfliegen*.

Raubparasiten können ihre Eier in unterschiedliche Stadien eines Wirtes legen: in Eier, an oder in Jugendstadien, in Puppen oder in ausgewachsene Wirtstiere (Abb. 6).

Abb. 4: Raubmilben sind die wirtschaftlich bedeutendsten Schutzräuber in landwirtschaftlichen Kulturen. Sie lauern bevorzugt im stärker behaarten Bereich der Mittelrippe von Blättern auf ihre Beute, wie zum Beispiel schädliche Milben.

Abb. 5: Manche Hautflügler vermehren sich massenhaft in den Wirtstieren durch Polyemrbyonie, wie dies an der abgebildeten Eulenraupe deutlich sichtbar ist.

Abb. 6: Die Blutauszehrwespe ist der wichtigste Feind (Parasitoid) der gefährlichen Blutlaus. Sie ist in Apfelanlagen, in denen Nützlinge geschont werden, häufig anzutreffen.

Abb. 7: Der Siebenpunkt-Marienkäfer ist einer der bekanntesten Säuberungsräuber. Er erscheint erst nach Blattlausbefall und „säubert“ befallene Pflanzenteile.

Die Eier können auch an die Körperoberfläche des Wirtes gelegt werden, worauf sich erst die geschlüpften Junglarven in den Wirt einbohren (Dipteren).

Raubparasitische Hautflügler können mit ihrem Legestachel die Eier an der Oberfläche des Wirtes festheften oder mit dem Legestachel die Körperoberfläche des Wirtes durchbohren und die Eier in den Wirtskörper einbringen. Die Eier können einzeln oder zu mehreren abgelegt werden. Aus Einzeleiern kann es durch Zerfall junger Furchungsstadien in eine größere Zahl von Tochterkeimen, also durch ungeschlechtliche Fortpflanzung, zu mehreren Larven kommen.

Diese **„Polyembryonie"** (Abb. 5) tritt bei einigen innenparasitischen Schlupfwespen, Braconiden und Strepsipteren (Fächerflügler) auf. Aus einer parasitierten Gammaeulenraupe konnten 1500 durch Polyembryonie entstandene, geschlüpfte Parasiten gezählt werden!

Große Schlupfwespen können selbst minierende Larven im Holz oder anderen Pflanzenteilen aufspüren und mittels ihres Legeapparates das Pflanzengewebe durchstechen und die dort lebenden Larven von Schädlingen parasitieren (Abb. 68).

Bemerkenswert ist, dass manche Parasiten befähigt sind, von anderen Parasiten bereits belegte Wirtstiere herauszufinden und ihre Eier an oder in diese primären Parasiten abzulegen. Dieser „Hyperparasit" (hyper= über) lebt vom primären Parasiten und tötet diesen schließlich inklusive seines Wirtes.

III. NÜTZLINGE IN AGRO-ÖKOSYSTEMEN

Nützlinge sind durch ihren Einfluss auf Schädlinge wichtige natürliche Regulationsfaktoren beim Schutz landwirtschaftlich oder gärtnerisch genützter Kulturpflanzen.

Die wichtigste und am weitesten verbreitete Beziehung zwischen Schädlingen und Nützlingen ist die

1. RÄUBER (FEIND)–BEUTE-BEZIEHUNG

Ein Indiviuum einer Art schädigt oder tötet zum eigenen Lebensunterhalt ein Individuum einer anderen Art.

Hierher gehören nicht nur Beziehungen zwischen Tieren, sondern auch die zwischen Pflanzenfresser und Pflanze oder insektenverdauender Pflanze und Insekt.

Die Populationen der Räuber und ihrer Beutetiere stehen in Wechselwirkung.

Nimmt die Zahl der Beutetiere in einem Lebensraum zu, so steigt auch die Zahl der Räuber, die nun mehr Nahrung vorfinden und mehr Nachkommen entwickeln können. Die Zahl der Räuber steigt aber erst zeitlich verzögert an, da eine gewisse Zeitspanne vergeht, bis die Räuber mehr Nachkommen produziert haben. Je kürzer die Generationsdauer der Räuber (Nützlinge) ist, umso effektiver sind sie bei der Vertilgung der Beutetiere (Schädlinge).

Da aber mehr Räuber auch mehr Beutetiere verzehren, mindert die Zahl der Räuber die Zahl der Beutetiere, so dass eine negative Rückwirkung entsteht.

Es ist also ein Regelkreis ausgebildet:

Die Zahl der Beutetiere wirkt positiv auf die Zahl der Räuber. Die Zahl der Räuber wirkt negativ auf die Zahl der Beutetiere zurück.

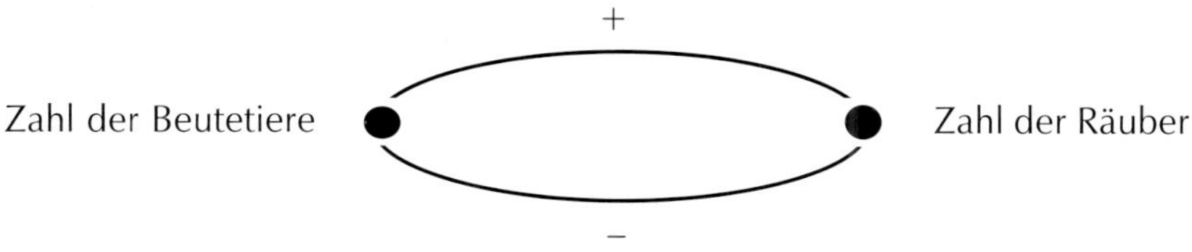

Räuber–Beute-Beziehung
+ bedeutet positive Beziehung (Beute nimmt zu, Räuber nehmen zu);
– bedeutet negative Beziehung (Räuber nehmen zu, Beute nimmt ab).

Würden sich Räuber und Beute in einem abgeschlossenen künstlichen Lebensraum aufhalten, käme es zu folgender Wirkung:

Nach anfänglicher Vermehrung der Beutetiere und zeitverzögerter Vermehrung der Räuber kommt es zu einer totalen Vernichtung der Beutetiere durch die immer mehr werdenden Räuber. Anschließend sterben auch die Räuber durch Nahrungsmangel ab. Dieser Effekt kann z. B. beim Einsatz der Raubmilbe *Phytoseiulus persimilis* in Glashäusern beobachtet werden.

In freier Natur treten derartige Abfolgen mit der Ausrottung der Beute in der Regel nicht ein:

- Beuteorganismen können sich ihren Feinden teilweise entziehen, indem sie Verstecke benutzen oder weil sie zeitlich begrenzt als Entwicklungsstadien vorliegen (Eier, Sporen), die von einer Feindart nicht als Nahrung angenommen wird.

  Es können von einem oberirdisch lebenden Räuber zum Beispiel nur jene Stadien einer Beute gefressen werden, die auf Pflanzen leben, während Ruhestadien (Puppen) im Boden vor dem Zugriff dieses Räubers geschützt sind.

- Häufig werden auch alternde und kränkliche Tiere bevorzugt zu Beuteobjekten, die nur mehr wenig oder nichts zur Vermehrung der Beuteart beitragen können.
- Meist nützt eine räuberische Art mehrere tierische Beutearten, sodass bei Verschwinden einer Art eine andere Beuteart angegommen werden kann.
- Manche räuberischen Arten (z. B. Raubmilben) können sich bei Mangel an tierischer Nahrung (Spinnmilben) auch von pflanzlichen Substanzen (z. B. Pollen) ernähren.
- Es wirken noch andere biotische und abiotische Einflüsse (Witterungseinflüssse etc.) auf Räuber und Beutetiere ein, die die Populationsverläufe von Räubern und Beutetieren zusätzlich beeinflussen.

Wenn Räuber auf bestimmte Beutetiere spezialisiert sind, diese aber durch äußere Einflüsse in aufeinander folgenden Jahren in unterschiedlicher Menge vorliegen, kommt es zu Dichteschwankungen in den Populationen der Räuber und der Beutetiere. Man bezeichnet derartige periodische Bevölkerungsschwankungen als **Populationswellen**. Die Schwankungen der Größe und der Dichte einer Population werden als **Populationsdynamik** bezeichnet.

Ernährt sich eine räuberische Art von mehreren Arten von Beutetieren, so schwankt bei Ausfall einer bevorzugten Beuteart die Populationsdichte des Räubers nur gering, da er auf andere Nahrungsquellen übergehen kann.

Da es in der Natur in den Lebensräumen zahlreiche Arten gibt, die untereinander in Wechselbeziehungen stehen, sind die Abhängigkeiten vernetzt und die Vermehrung einer Art wird von vielen anderen Arten begrenzt.

Die gegenseitige Beeinflussung und Konkurrenz der Arten führt zu einem dynamischen **biologischen Gleichgewicht**. Dieses Gleichgewicht ist umso stabiler, je artenreicher eine Lebensgemeinschaft ist.

IV. NÜTZLINGE

1. NÜTZLICHE VIREN, BAKTERIEN, EINZELLER UND PILZE

Viren, Bakterien, Einzeller und Pilze können zahlreiche Krankheitssymptome im Tier- und Pflanzenreich auslösen und oft zu gefährlichen Schädlingen werden.

Es gibt aber unter diesen Mikroben auch welche, die Schädlinge befallen und töten und daher aus der Sicht des Menschen zu Nützlingen werden. Diese Mikroorganismen sind aus erkrankten Organismen isoliert worden, wirken meist spezifisch nur gegen diese oder Verwandte und sind daher für andere Lebewesen, wie auch den Menschen, ungefährlich. Die Vorteile mikrobiologischer Bekämpfungsmittel im Pflanzenschutz werden am Beispiel von *Bacillus thuringiensis* dargestellt (s. u.).

1.1 INSEKTENPATHOGENE VIREN UND IHRE ANWENDUNG

Es sind etwa 300 **insektenpathogene (pathogen = krankmachend) Viren** (überwiegend Baculoviren) bekannt, die Entwicklungsstadien von Schmetterlingen, Hautflüglern, Fliegen, Mücken und Käfern befallen und abtöten können. Viren sind Organismen in submikroskopischer Größe (20–2000 μm), die nur einen Typ Nukleinsäure enthalten und zur Reproduktion nur diese Nukleinsäure benötigen. Sie haben keinen eigenen Stoffwechsel und sind daher nicht in der Lage zu wachsen oder sich durch Teilung zu vermehren und müssen sich zur Vermehrung lebender Zellen bedienen. Sie sind obligate Zellparasiten, die ihre Wirtszellen zerstören und neue Zellen befallen. Viren bestehen aus der Nukleinsäure und dem umgebenden Capsid (Proteinhülle).

Die Viren werden nach der Art und Gestalt der Nukleinsäure, die sie enthalten, unterteilt in:

- DNS-haltig (Granulose-Viren und Kernpolyeder-Viren) oder
- RNS-haltig (Zytoplasmapolyeder-Viren).

Sie kommen häufig natürlich verbreitet vor und können von sich aus zu Zusammenbrüchen der Massenvermehrungen von Schädlingen führen.

Viren müssen von Schädlingen über die Fraßtätigkeit mit der Nahrung aufgenommen werden. Als Wirtstierzellen für die weitere Vermehrung dienen die Darmzellen. Nach der Abtötung können infizierte Raupen bis zu 30% des Trockengewichtes aus Virionen bestehen (Abb. 8 a, b). Die Verbreitung der Viren erfolgt nach Freiwerden aus virushaltigem Kot oder aus Wirtskadavern durch Wind und Regen, durch Abwandern infizierter Wirte oder durch insektenfressende Tiere. Viruspräparate wirken sehr spezifisch und relativ rasch (Auflösung erfolgt nach 3–5 Tagen). Sie müssen vor UV-Licht geschützt werden (z. B. Beimengung von Milchpulver) und zwecks optimaler Aufnahme sehr gleichmäßig ausgebracht werden.

Abb. 8 a, b: Gesunde (links) und nach Behandlung mit dem Apfelwicklergranulosevirus abgestorbene (rechts) Raupe des Apfelwicklers.

Industriell hergestellte Viruspäparate werden erfolgreich gegen Schadschmetterlinge im Forst und im Obst- und Gartenbau, wie z. B. gegen Apfelwickler und Schalenwickler sowie gegen *Mamestra brassicae* und *Pieris rapae,* eingesetzt (siehe Tab. 1).

1.2 INSEKTENPATHOGENE BAKTERIEN UND IHRE ANWENDUNG

Von den **insektenpathogenen Bakterien** hat *Bacillus thuringiensis* (in der Folge als „B.t." bezeichnet) die größte Bedeutung erlangt, da wirksame Industriepräparate zur Verfügung stehen.

B.t. ruft bei Larvenstadien bestimmter Insekten Erkrankungen hervor und führt den Tod der Tiere herbei.

B.t. ist ein Bakterium, das unter bestimmten Umweltbedingungen Sporen bilden kann. Die vegetativen Bakterienzellen sind etwa 0,001 Millimeter im Durchmesser und 0,002 bis 0,005 Millimeter lang, tragen Geißeln und sind daher in flüssigem Medium beweglich.

Bei Nährstoffmangel und extremen Umweltsituationen wandelt sich ein hoher Prozentsatz der vegetativen Bakterienzellen in Sporenmutterzellen (Sporangien) um. Diese Überdauerungsstadien bilden Sporen für die Weiterentwicklung und daneben ein bis mehrere parasporale (para=neben) Körper, die für die spezifische pathogene (=krankmachende) Wirkung von B.t. verantwortlich sind.

Die parasporalen Körper treten in verschiedenen Kristallformen auf, die für bestimmte B.t.-Stämme charakteristisch sind. Die Kristalle bestehen vorwiegend aus Eiweiß und geringen Mengen von Kohlenhydraten.

Man kennt heute etwa 1000 Stämme von B.t., die sich in etwa 30 Unterarten einordnen lassen. Die Einteilung erfolgt nach den Kristalltoxinen und der Wirkung ihrer zugehörigen Toxine.

Bei den insektenpathogenen Stämmen lassen sich 3 Pathotypen unterscheiden:

Pathotyp A: wirkt spezifisch auf Schmetterlingsraupen
Pathotyp B: wirkt spezifisch auf Mückenlarven (z. B. Gelsen)
Pathotyp C: wirkt spezifisch auf Blattkäferlarven

Wirkungsweise von B.t. auf Schmetterlingsraupen

B.t.-Stämme produzieren verschiedene Stoffe, die bei Insekten toxisch (giftig) wirken können.

Die vegetativen Bakterienzellen können **Exotoxine** (z. B. beta-exotoxin) bilden. Diese wirken unspezifisch giftig auf viele Insektenarten und auch auf Spinnmilben.

In der Praxis werden die **Endotoxine** (parasporale Körper) von B.t. für Pflanzenschutzzwecke genützt. Die parasporalen Körper und Sporen von B.t.-Präparaten müssen durch den Fressakt in den Darm empfindlicher Insektenlarven gelangen. Dort entstehen beim teilweisen Abbau des Kristalleiweißes durch Verdauungsenzyme im alkalischen Milieu kleinere Eiweißeinheiten, die pathogen wirken. Sie verursachen an der Oberfläche empfindlicher Darmzellen nicht reparable Schädigungen der Zellwände, nachfolgend Schädigungen der inneren Zellstrukturen und führen zum Zelltod. Wenn die Darmschranke zusammengebrochen ist, können die aus mit aufgenommenen Sporen gekeimten Bakterienzellen in das Leibesinnere der Wirtstiere eindringen und Vergiftungserscheinungen hervorrufen. Es kommt durch den Verlust des Druckes der Körperflüssigkeit zur Erschlaffung des Larvenkörpers („Schlaffsucht") und zum Tod der befallenen Insekten.

Bereits einige Stunden nach der Aufnahme von B.t. stellen empfindliche Raupen das Fressen ein, doch kann es bis zum Absterben noch einige Tage dauern.

Die Empfindlichkeit einzelner Raupen ist auch abhängig vom Alter des Individuums: sie nimmt mit dem Alter und dem Wachstum der Raupen ab.

B.t. zeigte sich bisher gegenüber etwa 250 Schmetterlingsarten wirksam und etwa 75 Arten von Schadraupen konnten mit mit gutem bis befriedigendem Erfolg bekämpft werden. Vereinzelt wurden aber auch Fälle von Resistenzbildung gegenüber B.t.-Präparaten nachgewiesen.

Die Verwendung von B.t. im Pflanzenschutz stellt ein typisches biologisches Verfahren dar, da durch den direkten Einsatz eines Organismus (B.t.) ein Schaderreger (z. B. Traubenwickler) vernichtet wird.

In Österreich z. B. sind B.t.-Präparate gegen einige Arten von Schadraupen in landwirtschaftlichen, forstlichen und gartenbaulichen Kulturen registriert (siehe Tab. 1).

Bei der Anwendung im Freiland werden die als Spritzpulver formulierten, kommerziellen B.t.-Präparate in Wasser suspendiert und mit üblichen Pflanzenschutzgeräten ausgebracht.

Bei einigen Schädlingen hat sich gezeigt, dass die Zufügung von Zucker zur B.t.-Spritzbrühe die Fresslust der Raupen und damit die Aufnahme von B.t. fördert. Dadurch können höhere Wirkungsgrade erreicht werden.

Die Vorteile von B.t.-Präparaten sind:

- Hohe Selektivität, da nur empfindliche Schmetterlingsraupen betroffen werden.
- Schonung der Nützlinge und Indifferenten.

- Keine nachteiligen Wirkungen auf Mensch, Pflanze, Boden- oder Wasserorganismen.
- Keine Anreicherung in der Nahrungskette.
- Im Gegensatz zu chemischen Präparaten werden keine Fremdstoffe in die Natur ausgebracht. Nach der Ausbringung von B.t. erhöht sich zeitlich und räumlich das natürliche Vorkommen von Bakterien der *Bacillus thuringiensis/Bacillus cereus*-Gruppe nur so kurzfristig, dass es gerade ausreicht die Schadinsekten abzutöten.
- Es werden keine Epidemien ausgelöst, sodass der B.t.-Einsatz unter Kontrolle bleibt. B.t. wird weder von Vektoren noch von infizierten Tieren auf gesunde Artgenossen oder auf eigene Nachkommen übertragen.
- Keine Wartezeiten.

Nachteile zeigen B.t.-Präparate aber hinsichtlich des etwas geringeren Wirkungsgrades, wenn die Schadraupen bei niedrigen Temperaturen vermutlich zu wenig B.t. kontaminierte (=mit schädlichen Stoffen verseuchte) Nahrung aufnehmen. Die Wirkung ist auf ältere Larvenstadien geringer als auf junge.

Die Produktion der selektiv wirksamen B.t.-Präparate (Delta-Endotoxin) erfolgt in Fermenten. Die geerntete Biomasse wird standardisiert und formuliert und einer Qualitätskontrolle unterzogen. Die Formulierung erfolgt als Spritzpulver, Flüssig-Präparat, Staub oder Granulat. Sporenlose oder inaktivierte Sporen sind als Präparate für Vektorbekämpfung im Hygienebereich und für Vorratsschutz im Einsatz. Derzeit gibt es auch Transkonjuganten verschiedener B.t.-Stämme (Konjugation = Übertragung von genetischem Material durch direkten Kontakt von Bakterienzelle zu Bakterienzelle), die zur Überwindung bestehender oder Vermeidung eventuell neu auftretender Resistenzen gegenüber herkömmlichen B.t.-Präparaten zur Anwendung gelangen werden.

Wirkung von B.t. var. *israelensis*

Im Jahr 1977 wurde in Israel ein neuer Typ von B.t. isoliert, der selektiv die Larven von Mücken (z. B. Stechmücken = Gelsen) abzutöten vermag. Es sind bereits kommerzielle Produkte von *B.t. var. israelensis* auf dem Markt, die bisher international mit gutem Erfolg zur biologischen Mückenbekämpfung eingesetzt wurden

1.3 INSEKTENPATHOGENE EINZELLER UND IHRE ANWENDUNG

Unter den Einzellern (Protozoen) finden sich vor allem bei den Sporozoa (Sporentierchen) insektenpathogene Arten.

Die Einzeller müssen mit der Nahrung aufgenommen werden und zeigen nur eine langsame Wirkung. Sie befallen lebenswichtige Gewebe und Organe der Wirtstiere, was zur Reduktion der Fruchtbarkeit oder zum Tod der Wirte führen kann.

Die Verwendung bestimmter Einzeller (z. B. *Nosema*-Arten) zur mikrobiologischen Bekämpfung wurde bisher bei verschiedenen Schmetterlingsraupen, Stechmücken, Maikäfern und Heuschrecken erprobt, doch sind diese Methoden noch nicht praxisreif.

1.4 INSEKTENPATHOGENE PILZE UND IHRE ANWENDUNG

Insektenpathogene Pilze sind aus verschiedenen systematischen Gruppen der Pilze *(Deuteromyceten und Phycomyceten)* bekannt und treten häufig natürlich im Freiland auf (z. B. *Entomophtorales* an Blattläusen).

Die Pilze dringen mit Keimschläuchen über die Körperöffnungen, aber auch mit Druck und mithilfe von Enzymen direkt über die Cuticula in den Körper von Insekten ein. Die Wirtstiere werden durch Gewebezerstörung und/oder Toxinwirkung getötet. Die Anwendung erfolgt meistens als Sporensuspension, aber auch als Granulat *(Metarrhizium anisopliae)*. Die Wirkungsgeschwindigkeit von Pilzpräparaten ist im Vergleich zu anderen biologischen Schädlingsbekämpfungsmitteln relativ langsam. Zur Auskeimung der Pilzsporen auf der Pflanzenoberfläche werden in der Regel mehr als 90% rel. Luftfeuchte und Temperaturen zwischen 15–25°C über mindestens 24h benötigt.

Für einen hohen Wirkungsgrad benötigt man einen relativ dichten Schädlingsbesatz, da die Sporen nur passiv verbreitet werden. Pilzpräparate haben aber den Vorteil, dass sie als Dauerstadien mehrere Jahre im Boden überleben können und ihre Wirkung lange anhält. Daher können sie auch vorbeugend bei Bodenbehandlungen eingesetzt werden. Die Verbreitung erfolgt durch Wind, Regen oder Lebewesen. Da der Befall durch insektenpathogene Pilze stark witterungsabhängig ist, kann die Wirkung dieser Nützlinge im Freiland sehr schwanken.

Manche dieser Pilze liegen bereits in Form kommerzieller Präparate vor. Die besten Einsatzorte für Pilzpräparate sind Gewächshäuser, wo bei geeigneter Klimasteuerung ausreichende Luftfeuchtigkeit und Temperatur die Wirkung dieser Nützlinge begünstigen.

Beispiele insektenpathogener Pilze:

Deuteromyceten

- *Aschersonia aleyrodis* gegen „Weiße Fliege"
- *Beauveria sp. (bassiana) brongiartii* gegen Kartoffelkäfer, Maikäfer u. a.
- *Entomophthorales* gegen Blattläuse
- *Hirsutella thompsonii* gegen Milben
- *Metarrhizium anisopliae* gegen Dickmaulrüssler und Heuschrecken (Abb. 9 a)
- *Nomuraea riley* gegen Schmetterlingsraupen
- *Paecilomyces fumosoroseus* gegen Weiße Fliegen
- *Verticillium lecanii* gegen Blattläuse (Abb. 9 b), „Weiße Fliege" und Thripse

Entomophthorales

- *Conidiobulus:* Blattläuse, Weiße Fliegen

- *Pilze gegen Nematoden:*
  - gegen frei lebende: *Arthrobotrytis irregularis*
    Dactylaria, Monacrosporium
  - gegen Zysten bildende: *Verticillium chlamydosporium*
    Meria coniospora

Abb. 9 a: Von *Metarrhizium anisopliae* befallene Larve des Gefurchten Dickmaulrüsslers.

Abb. 9 b: Eine „verpilzte" Blattlaus, die durch eine Behandlung mit dem insektenpathogenen Pilz *Verticillium lecanii* abgetötet wurde.

Nutzorganismus	**Zielorganismus**	**Kultur**
Bacillus thuringiensis var. kurstaki	Kohleule, Kohlweißling, Schalenwickler, Frostspanner, Apfelgespinstmotten, Traubenwickler, Springwurm, Maiszünsler, Goldafter, frei fressende Schmetterlingsraupen	Gemüse, Obstbau, Weinbau, Mais, Forst
B. th. var. tenebrionis	Apfelblütenstecher, Kartoffelkäfer	Obstbau, Kartoffeln,
B. th. var. aizawai	Traubenwickler	Weinbau
Granulosis-Virus	Apfelwickler	Obstbau
Metarrhizium anisopliae	Entomopathogener Pilz gegen Dickmaulrüssler	Baumschulen, Zierpflanzen, Wein
Heterorhabditis heliothidis	Nematoden gegen Dickmaulrüssler	Baumschulen, Zierpflanzen, Wein
Steinernema carpocapsae	Nematoden gegen Dickmaulrüssler	Baumschulen, Zierpflanzen, Wein
Steinernema feltiae	Nematoden gegen Trauermücken	Gewächshaus-Zierpflanzen
Steinernema bibionis	Nematoden gegen Trauermücken	Gewächshaus-Zierpflanzen

Tab. 1: Mikroorganismen, Viren und entomopathogene Nematoden, die in Österreich als Pflanzenschutzmittel zugelassen sind (Januar 1997).

1.5 ANTAGONISTISCHE PILZE UND IHRE ANWENDUNG

Es sind auch **Pilze** und **Bakterien** bekannt, die als **Gegenspieler von krankheitserregenden Pilzen (=Antagonisten)** wirken können. Einerseits können sie eine **direkte Wirkung** auf die Schadpilze haben, indem sie Stoffe ausscheiden, die das Wachstum der Schadpilze hemmen, um Nährstoffe konkurrenzieren oder den Schadpilz auch parasitieren. Andererseits kann **indirekter Antagonismus** auftreten, wenn Pflanzen gegenüber Schaderregern resistent werden, weil sie vorher mit den Antagonisten befallen, aber von diesen nicht geschädigt wurden. Aus dem Bereich der antagonistischen Pilze können verschiedene Arten der Gattung *Trichoderma (T. harzianum, T. viride)* (Abb. 10) gegenüber Grauschimmel, Wurzelkrankheiten und silver leaf im Obst-, Wein-, Gemüse- und Zierpflanzenbau verwendet werden. *Pythium olygandrum, Gliocladium virens, Conyothirium minitans* und *Streptomyces griseoviridis* zeigen Wirkung gegenüber Wurzel- bzw. Fußkrankheiten an Gemüse und Zierpflanzen, *Fusarium oxysporum* gegenüber *Fusarium*-Welke an Zierpflanzen und Tomaten. Der Pilz *Ampelomyces quisqualis* erwies sich als effektiv gegenüber echtem Mehltau.

Bakterienpräparate auf Basis von *Bacillus subtilis, Pseudomonas fluorescens* oder *Pseudomonas cepacia* sind als Antagonisten von Wurzelerkrankungen an Gemüse bekannt.

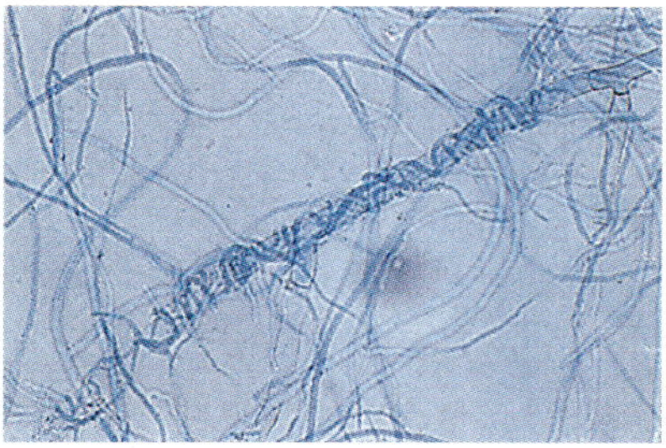

Abb. 10: Pilzfäden des nützlichen Pilzparasiten *Trichoderma viride* umspinnen Pilzfäden des Krankheitserregers *Rhizoctonia solani*.

2. NÜTZLICHE FADENWÜRMER *(NEMATODEN)* UND IHRE ANWENDUNG

Die *Nematoden* oder Fadenwürmer (Schlauchwürmer) werden im allgemeinen Sprachgebrauch auch als Älchen bezeichnet. Viele Arten treten als Schädlinge bei Pflanzen, Tieren und Menschen in Erscheinung (z. B. Älchen an Kartoffeln, Spulwürmer, Trichinen).

Doch gibt es unter den Nematoden auch Arten, die Insekten parasitieren und töten. Ihr Einsatz ist vor allem gegen im Boden lebende Stadien tierischer Schädlinge möglich.

Über die Verwendbarkeit von Nematoden als biologische Bekämpfungsmittel wird in Kap. VII berichtet. Außer den schon kommerziell erzeugten *Heterorhabditis sp.* (Abb. 110) und *Steinernema carpocapsae* gegen Larven von Dickmaulrüsslern werden bei Unterglaskulturen noch weitere

Vertreter aus den Nematodenordnungen *Tylenchida, Mermethida, Rhabditida* gegen Buckelfliegen *(Phoridae)*, Trauermücken *(Sciaridae)* sowie gegen die im Boden vorkommenden Entwicklungsstadien von *Thrips sp.* und Minierfliegen *(Liriomyza)* auf ihre praktische Anwendbarkeit überprüft.

3. GLIEDERFÜSSER *(ARTHROPODA)*

3.1 ALLGEMEINES

Der Stamm der Gliederfüßer *(Arthropoda)* ist der artenreichste Stamm des Tierreiches und umfasst mehr als 80% der bisher bekannten Tierarten.

Die Gliederfüßer zeigen eine deutliche Gliederung (Segmentierung) des Körpers. Ihr Körper wird von einem Außenskelett aus harten Chitinplatten umgeben, die durch dünne Häute zusammen- und beweglich gehalten werden.

Der Körper gliedert sich meist in 3 Abschnitte: Kopf, Mittelleib und Hinterleib oder in Körperabschnitte, die aus diesen Teilen verschmolzen sind.

In der Anlage besitzt jedes Körpersegment seitliche Gliedmaßen. Die Gliedmaßen im Kopfbereich sind zu Fühlern, Kauapparaten oder Stechorganen umgewandelt. Der Mittelleib trägt die zur Fortbewegung dienenden Gliedmaßen (Lauf-, Springbeine), bei den Insekten auch die Flügel. Am Hinterleib sind die Gliedmaßen oft verkümmert, fehlend oder zu anderen Organen (z. B. die Spinndrüsen der Spinnen) umgewandelt.

Als Sinnesorgane dienen zum Beispiel Punktaugen, Facettenaugen (Insekten), Fühler (Antennen) und Sinneshaare auf allen Extremitäten.

Auch die Innenorgane sind speziell ausgebildet, doch soll hier nur auf äußerlich sichtbare Merkmale eingegangen werden.

Die Gliederfüßer werden aufgrund der Unterschiede in den Mundwerkzeugen untergliedert in die

1. Amandibulata (Kieferlose) mit dem Unterstamm
Chelizerata (Fühlerlose), zu dem auch die Klasse der
Spinnentiere (Arachnida) gehört und die

2. Mandibulata (mit Kiefern), mit den Unterstämmen
Diantennata (mit 2 Paar Fühlern; einzige Klasse: Krebse) und die
Antennata (=Tracheata; 2. Antennenpaar stets reduziert) mit den Klassen
Myriapoda (Tausendfüßer) und
Hexapoda (=Insecta).

4. SPINNENTIERE *(ARACHNIDA)*

Die Arachnida sind u. a. durch folgende, äußerlich sichtbare Merkmale charakterisiert: Sie besitzen einen Vorderkörper (Prosoma), der aus Kopfschild und Segmenten des Rumpfes besteht und die Körperanhänge trägt und einen Hinterleib (Opisthosoma).

Es sind immer 4 Laufbeinpaare vorhanden. Ausnahmen stellen z. B. Larven der Milben (3 Beinpaare) und erwachsene Gallmilben (2 Beinpaare) dar.

Die ersten Gliedmaßen sind die kurzen, höchstens dreigliedrigen Chelizeren, die meist eine Schere tragen. Bei vielen parasitierenden Milben sind sie zu Stechborsten umgewandelt.

Die zweiten Gliedmaßen sind die Pedipalpen, die bei Formen mit großen Chelizeren wie Laufbeine oder Taster gestaltet sind, bei Formen mit kleinen Chelizeren aber meist groß und mit Scheren ausgestattet sind.

Je nach Tiergruppe übernehmen entweder Chelizeren oder Pedipalpen die Hauptfunktion beim Ergreifen und Töten der Beute, dem Zerquetschen der Nahrung, bei der Abwehr von Feinden oder beim Graben.

Alle Spinnentiere mit Ausnahme vieler tier- und pflanzenparasitischer Milben sind Raubtiere. Eine wesentliche Rolle beim Nahrungserwerb bilden die Chelizeren. Die großen Chelizeren von Spinnen und Weberknechten können z. B. Beute packen und zerquetschen, Fäden zerschneiden und als Waffe dienen. Skorpione, Weberknechte, Pseudoskorpione zerzupfen mit ihnen ihre Nahrung. Bei den Spinnen mündet am Endglied eine Giftdrüse, bei den Pseudoskorpionen eine Spinndrüse.

Die Pedipalpen sind entweder laufbein- oder tasterförmig (Spinnen, viele Weberknechte und Milben) oder als großer Fangapparat mit Scheren (z. B. Skorpione) ausgebildet. Der Pedipalpus kann je nach Ausbildung zu Nahrungserwerb, Abwehr, zum Gehen und als Kopulationsapparat dienen.

Die folgenden 4 Gliedmaßenpaare sind Laufbeine, können aber auch z. B. als Taster wirken oder zum Spannen der Spinnfäden dienen.

Der gegliederte oder ungegliederte Hinterkörper (Opisthosoma) trägt bei erwachsenen Stadien keine Gliedmaßen, obwohl sie embryonal angelegt sind. Bei den Spinnen gehen aus den Gliedmaßenanlagen die Spinnwarzen hervor.

Niemals sind Antennen (Fühler) oder gegeneinander mahlende Kiefer ausgebildet.

Man kann daher die Spinnentiere leicht von den Insekten unterscheiden.

Unterscheidungsmerkmale zwischen Spinnentieren und Insekten

SPINNENTIERE	INSEKTEN
ohne Antennen (Fühler)	mit Antennen (Fühler)
Körper zweiteilig	Körper dreiteilig
(Kopfbruststück, Hinterleib)	(Kopf, Brust, Hinterleib)

4 Paar Beine	3 Paar Beine
2 Paar Mundgliedmaßen (Chelizeren, Pedipalpen)	3 Paar Mundgliedmaßen (Mandibeln, 2 Maxillen)
ohne Flügel	mit Flügeln
Punktaugen	Komplexaugen u. Punktaugen

Die Spinnentiere können in 9 Ordnungen untergliedert werden, zu denen die wichtigen heimischen Ordnungen ***Aranea* (Webspinnen)**, ***Pseudoscorpiones* (Afterskorpione, Bücherskorpione)**, ***Opiliones* (Weberknechte)** und ***Acari* (Milben)** gehören.

4.1 AFTERSKORPIONE *(PSEUDOSCORPIONES)*

Kleine Tierarten (maximal 7 mm lang), die den Skorpionen ähnlich sehen, von diesen aber durch das Fehlen des schwanzartigen Teiles des Hinterkörpers und der Giftblase unterschieden werden können. Die Chelizeren sind klein und tragen Spinndrüsen, die Pedipalpen sind groß und mit Scheren und Giftdrüsen ausgestattet.

Afterskorpione leben in Spalten, unter Borken, im Laub, unter Steinen, manche auch in Ameisen- und Bienennestern oder in Häusern. Sie fangen kleinere Insekten (z. B. Springschwänze, Staubläuse) und Milben.

Weltweit sind etwa 1300 Arten bekannt, davon etwa 25 in Mitteleuropa.

4.2 WEBERKNECHTE, KANKER *(OPILIONES)*

Ihr annähernd eiförmiger Körper ist segmentiert. Der deutlich gegliederte Hinterleib sitzt dem Vorderkörper breit auf. Die Chelizeren sind kräftig und tragen Scheren. Die Pedipalpen sind wie Laufbeine gebildet und wirken als Taster. Die europäischen Weberknechte sind meist extrem langbeinig (Abb. 11). Die vielgliedrigen Beine gestatten es den Weberknechten, sich auf Pflanzen und Sträuchern festzuhalten. Wird ein Laufbein von einem Feind erfasst, so vermögen die Weberknechte das Bein als Schutz abzuwerfen. Dieses zuckt noch einige Zeit und lenkt dadurch den Angreifer von der eigentlichen Beute ab.

Weberknechte leben u. a. in der Bodenstreu, unter Steinen, im Moos, auf Gebüschen, auf Bäumen und manche auch in Höhlen.

Sie erbeuten kleinere Insekten und Spinnen, seltener kleinere Gehäuseschnecken. Die erbeutete Nahrung wird von den Chelizeren zerzupft.

Weltweit gibt es etwa 3200 Arten, in Mitteleuropa etwa 35.

4.3 WEBSPINNEN *(ARANEAE)*

Der Körper der Spinnen ist in 2 Teile gegliedert: in ein Kopfbruststück und einen ungegliederten Hinterleib. Diese sind durch einen schmalen

Stiel miteinander verbunden. Am Vorderkörper sitzen die 6–8 Augen, die Mundwerkzeuge und die 4 Laufbeinpaare. Die Chelizeren sind als Klauen mit Giftdrüse, die Pedipalpen als Taster ausgebildet.

Der Hinterleib trägt keine Gliedmaßen, jedoch sind Reste von ihnen zu 2 Paar Spinnwarzen umgewandelt.

Die Männchen sind häufig schlanker und kleiner als die Weibchen.

Mit Ausnahme weniger Arten, die sekundär zu Wasserbewohnern wurden (z. B. Wasserspinne) sind alle Spinnen Landtiere. Die meisten Spinnen sind Räuber, wobei fast immer Insekten ihre Nahrung darstellen. Sie können dabei natürlich nicht unterscheiden, ob es sich bei dem Beutetier um einen Schädling oder Nützling aus der Sicht des Menschen handelt.

Umherwandernde jagende Spinnen (z. B. Wolfsspinnen, Krabbenspinnen, Springspinnen, Jagdspinnen, Laufspinnen) fangen ihre Beutetiere direkt durch schnelles Zupacken mit den Chelizeren (Abb. 12, 13, 14, 15, 16).

Die sesshaften, Netz bauenden Spinnen verwenden zum Beutefang Spinnfäden, mit denen sie verschiedene Arten von Fangvorrichtungen (Fußangelnetze, Klapptüren, Radnetze, Falltüren, Deckennetze) bauen.

Die Netz bauenden Arten erbeuten hauptsächlich geflügelte Verbreitungsformen von Insekten, wie z.B. Fliegen, Mücken und Motten.

Das Netz kann sehr vielgestaltig sein: waagerecht und senkrecht angelegte Netze, Decken-, Baldachin-, Hauben-, Radnetze u. a. Unter den Netzspinnen gibt es die

Kräuselfadenweberinnen, die einen stark strukturierten „Wollfaden" in ihr Fanggewebe einspinnen, in dem sich die Beutetiere verfangen (Abb. 17), und

Klebfadenweberinnen, die einen mit Leimtröpfchen besetzten Klebfaden in ihr Fanggewebe einweben. Durch Klebfäden können auch größere Insekten leichter erbeutet werden (Abb. 18).

Form und Ort des Netzes sind entscheidend für den Fang der Beute. Radnetze fangen vor allem fliegende Beute, Fangvorrichtungen am Boden vor allem krabbelnde Insekten, Haubennetze fliegende und krabbelnde Insekten.

Während Spring-, Wolfs- und Krabbenspinnen die Beutetiere sofort mit den Chelizeren bearbeiten und fressen, spinnen manche andere Jagdspinnen und die höheren Netzspinnen die Beutetiere vorher ein und bringen durch die von den Chelizeren geschlagenen Wundstellen Verdauungssaft aus den Mitteldarmdrüsen in die Opfer ein. Die Beute wird chemisch zerlegt und dann durch den sehr engen Mundschlitz der Spinnen eingesogen. Einpressen von Verdauungssaft, Aussaugen und Injizieren neuer Enzyme erfolgt so lange, bis der Körper des Opfers völlig ausgeleert ist.

Weltweit sind etwa 36.000 Spinnenarten bekannt, z. B. in Österreich 735 Arten aus 29 Familien.

Abb. 11: Weberknechte sind an ihren langen Beinen gut von anderen Spinnen zu unterscheiden.

Abb. 12: Wolfsspinne

Abb. 13: Krabbenspinne

Abb. 14: Springspinne

Abb. 15: Jagsspinne

Abb. 16: Laufspinne

Abb. 17: Netz einer Kräuselfadenweberin (Kräuselspinne).

Abb. 18: Netz einer Klebfadenweberin (Radnetz einer Kreuzspinne).

Spinnen stellen sicherlich wichtige Regulationsfaktoren in Lebensgemeinschaften dar, doch ist noch relativ wenig über das Ausmaß ihres Nutzens bekannt. Dass sich in ihrem Beutespektrum als unspezialisierte Räuber auch Nützlinge befinden können, wurde früher als Begründung gesehen, sie zu den Indifferenten zu zählen.

Dieser Umstand trifft aber auch auf andere räuberische Nützlingsgruppen zu.

4.4 MILBEN *(ACARI)*

Dieser Ordnung der Spinnentiere gehören zahlreiche Familien an. In Mitteleuropa sind etwa 3000 Arten anzutreffen. Sie sind, abhängig von ihrer Ernährungsweise, schädlich, nützlich oder indifferent.

An unseren Kulturpflanzen sind vor allem Vertreter der Familien der Spinnmilben *(Tetranychidae)*, der Gall- und Rostmilben *(Eriophyidae)* sowie der Weichhautmilben *(Tarsonemidae)* als Pflanzensauger schädlich.

Zu den wirksamsten natürlichen Feinden dieser schädlichen Milben zählen Angehörige einiger räuberisch lebender Milbenfamilien, die unter dem Begriff „Raubmilben" zusammengefasst werden. Sie sind insoferne nützlich, als sie sich in überwiegendem Maße von Milben aller Art ernähren, eine hohe Vermehrungsrate besitzen und aufgrund ihrer Lebensgewohnheiten zu der äußerst wirksamen Nützlingsgruppe der „Schutzräuber" zählen.

Als Schutzräuber sind Raubmilben besonders in mehrjährigen Kulturen in der Lage, die Entwicklung schädlicher Raubmilbenarten bereits sehr früh zu unterdrücken und gefährliche Massenvermehrungen zu verhindern.

In unbehandelten beziehungsweise raubmilbenschonend behandelten österreichischen Obst- und Weinkulturen konnten z. B. 21 Raubmilbenarten aus den folgenden Familien gefunden werden:

4.4.1 Phytoseiidae

Der überwiegende Teil (über 80%) der z. B. in Österreich vorgefundenen Raubmilben gehört dieser Familie an. Die 0,5 mm kleinen, sehr beweglichen Tiere sind farblos bis gelblich, nach dem Verzehr von Spinnmilben auch rötlich gefärbt. Sie halten sich bevorzugt an den Unterseiten von Blättern entlang der behaarten Mittelrippen auf. Sie ernähren sich vorwiegend von verschiedenen Milbenarten, können sich aber bei Fehlen dieser Hauptnahrung auch von Blütenpollen ernähren. Es entwickeln sich durchschnittlich 3 bis 4 Generationen pro Jahr. Im Spätsommer erreicht die Raubmilbenpopulation ihren höchsten Stand. Nach den ersten kalten Nächten beginnen sich die begatteten Weibchen zur Überwinterung in Rindenverstecke zurückzuziehen, die Männchen sterben ab.

Abb. 19: Eine im österreichischen Obstbau weit verbreitete Raubmilbenart ist *Amblyseius finlandicus*, die im Gegensatz zu den meisten anderen Raubmilbenarten an Blättern mit geringer Behaarung (z. B. Kirsche) zu finden ist.

Abb. 20: Weibchen und Männchen von *Typhlodromus pyri* bei der Begattung. *T. pyri* ist die wirksamste Raubmilbenart in gepflegten Obst- und Weingärten.

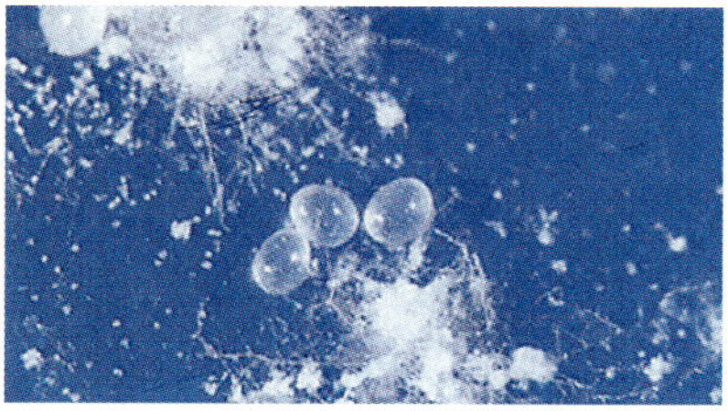

Abb. 21: Einige Raubmilbenarten können im Laboratorium oder Glashaus erfolgreich mit Beutemilben oder Blütenpollen ernährt und gezüchtet werden. Die Abbildung zeigt Eier von *Amblyseius finlandicus* in einem Zuchtgefäß.

Die häufigsten und bedeutendsten Arten dieser Familie sind *Typhlodromus pyri* (Abb. 20), *Amblyseius (Kampimodromus) aberrans*, *Amblyseius (Euseis) finlandicus* (Abb. 19, 21), *Typhlodromus tiliarum* und *Phytoseius macropilis*.

Typhlodromus pyri kommt häufig in Rebanlagen vor und lässt sich in andere Weingärten leicht übertragen und dort erhalten. Ein geringer Besatz reicht meist aus, um Spinnmilbenpopulationen unter der wirtschafltichen Schadensschwelle halten zu können.

Andere Vertreter aus der Familie *Phytoseiidae* werden in Kulturen unter Glas zur Spinnmilben- und Thrips-Bekämpfung eingesetzt (siehe Kap. VII).

4.4.2 Stigmaeidae

Als wichtigster Vertreter dieser weniger häufig vorkommenden Raubmilbenfamilie ist die Art *Zetzellia mali* zu nennen. Die zirka 0,5 mm kleine Raubmilbenart ist gelb bis orangerot gefärbt. Im Vergleich zu den Phytoseiiden ist sie wesentlich weniger beweglich. Sie entwickelt unter österreichischen Klimabedingungen nur 2 bis 3 Generationen pro Jahr und ist daher in ihrer regulierenden Wirkung auf Schadmilben etwas weniger bedeutend. Die Lebensweise ist ähnlich jener der Phytoseiidae.

4.4.3 Anystidae

In Obstanlagen kann die Art *Anystis agilis* als Räuber von Milben oder kleinen Insekten gefunden werden. Die bis 1 Millimeter große, dunkelrote, sehr lebhafte Milbe tritt bevorzugt an unbehandelten Bäumen auf. Sie kann jedoch durch ihre meist geringe Populationsdichte andere Raubmilben bei der Vertilgung von Spinnmilben nur unterstützen. Sie entwickelt vermutlich 2 Generationen pro Jahr.

4.4.4 Cunaxidae

Mitglieder dieser Raubmilbenfamilie leben vorwiegend in der oberen Bodenschicht und seltener auf Kulturpflanzen. Einige Arten konnten jedoch auch an Reben als Vertilger von Kräuselmilben sowie an Apfel- und Nadelbäumen als Räuber von Spinnmilbenarten gefunden werden.

4.4.5 Trombidiidae

Die als Samtmilbe bezeichnete Art *Allothrombium fuliginosum* ist mit 2,5 Millimeter nicht nur größer als Raubmilbenarten aus anderen Familien, sondern besitzt auch ein wesentlich breiteres Wirtsspektrum (Blattläuse, Blutläuse, kleine Räupchen u. a.). Die samtrote Milbe überwintert in der Laubschicht am Boden und wandert zur Nahrungssuche auf verschiedene Kulturpflanzen auf. Sie bildet nur eine Generation pro Jahr aus.

4.4.6 Bdellidae (Schnabelmilben)

Sie sind als Gegenspieler von Springschwänzen *(Collembola)* und anderen kleine Insekten bekannt.

5. INSEKTEN (KERBTIERE, *HEXAPODA*)

5.1 ALLGEMEINES

Der Name Insecta bedeutet so viel wie eingeschnitten und weist, ebenso wie der deutsche Name Kerbtiere oder Kerfe darauf hin, dass bei den Insekten Kopf, Brust und Hinterleib durch Einschnitte voneinander getrennt sind.

Alle Insekten besitzen 3 Paar Beine und, wenigstens in der Anlage, 2 Paar FLügel.

Das Merkmal der 6 Beine führte zu dem Namen Hexapoda (=Sechsfüßer).

Die Insekten stellen mit über 1 Million Arten die artenreichste Tiergruppe der Welt (mehr als 75%) dar.

Auch in Mitteleuropa machen die Insekten (etwa 30.000 Arten) zwei Drittel der hier auftretenden Tierarten aus.

Der **Grundbauplan der Insekten** ist folgender:

Vollinsekt (= Vollkerf = Imago): geschlechtsreifes Tier.

Der Körper besteht aus drei Hauptabschnitten, dem Kopf, der Brust und dem Hinterleib. Die Körperdecke besteht aus einem harten Chitin-Eiweiß-Komplex. Dieses Außenskelett gibt dem Körper Halt und Schutz.

Der **Kopf** trägt wichtige Sinnesorgane:
zwei Antennen (Fühler), die sehr unterschiedlich gestaltet sein können. Ihre Form ist ein wichtiges Merkmal bei der Unterscheidung von Insekten.

Die Antennen sind mit Sinnesborsten und Sinneszellen ausgestattet und dienen dem Tast- und Geruchssinn. Durch die paarigen Antennen kann eine räumliche Orientierung nach Duftstoffen erfolgen. Dies ist z. B. bei der Paarfindung von Schmetterlingen von großer Bedeutung.

Seitlich am Kopf liegen die beiden zum Sehen wichtigen Komplex- (oder Netz-)augen und auf dem Scheitel und der Stirn drei Punktaugen (Nebenaugen).

Weiters liegen am Kopf der Mund und die Mundgliedmaßen, die aus einem paarigen Oberkiefer (Mandibel) und 2 paarigen Unterkiefern (1. Maxille und 2. Maxille) bestehen. Die Mundgliedmaßen können sehr vielgestaltig sein und dadurch verschiedene Arten der Nahrungsaufnahme ermöglichen. Die Mundwerkzeuge können zum Beispiel beißend-kauend (Heuschrecken, Käfer), leckend-saugend (Bienen), stechend-saugend (Wanzen) oder saugend (Schmetterlinge) gestaltet sein, wobei bei verschiedenen Insektengruppen diese Funktionen durch verschiedene Elemente der Mundwerkzeuge ermöglicht werden können.

Der **Brustabschnitt** besteht aus 3 Brustsegmenten. An ihm setzen die zur Fortbewegung wichtigen Organe an: 3 Paar Beine und in der Regel 2 Paar Flügel.

Die Beine können sehr vielgestaltig sein, da sie nicht nur zur Fortbewegung, sondern auch als Sammelbeine (Honigbiene), Fangbeine (Fangschrecken, Raubwanzen, Libellen), Sprungbeine (Blattflöhe, Heuschrecken), Grabbeine u. Ä. dienen können.

Flügel sind bei den meisten Insekten ausgebildet. Ursprünglich keine Flügel haben die Urinsekten. Nachträglich flügellos sind einige Insekten, doch haben oft das andere Geschlecht oder ihre nahen Verwandten Flügel ausgebildet. Beispiele dafür sind die Weibchen der Frostspanner, der Sackträger *(Psychidae)*, der Spinnenameisen *(Mutillidae)*, die Arbeiterinnen der Ameisen und viele Schmarotzer (Läuse und Flöhe).

Das 2. Flügelpaar kann zu Schwingkölbchen umgewandelt sein (Fliegen).

Im **Hinterleib** sind u. a. auch die Fortpflanzungsorgane lokalisiert. Die letzten Segmente sind oft stark umgestaltet und bilden die weiblichen Lege- oder die männlichen Kopulationsapparate.

Insekten sind in der Regel zweigeschlechtlich, wobei Männchen und Weibchen oft sehr verschieden aussehen können. Zwittertum ist selten.

Nach der Begattung erfolgt in der Regel die Eiablage. Manchmal schlüpft aber die Larve schon im Mutterleib (Blattläuse, viele Fliegen).

Weit verbreitet unter den Insekten ist die Jungfernzeugung (Parthenogenese): aus unbefruchteten Eiern entwickeln sich Nachkommen. Diese Art der Vermehrung ermöglicht rasch hohe Populationszahlen (z. B. Blattläuse). Bei vielen Arten wechselt Jungfernzeugung mit zweigeschlechtlicher Fortpflanzung.

Aus dem Ei schlüpft nie das Vollinsekt, sondern eine Larve. Innerhalb der Insekten gibt es 2 Arten der Gestaltswandlung (Metamorphose) zum Vollinsekt.

Bei den primitiveren Insekten durch die unvollkommene Verwandlung, bei den höher entwickelten Insekten durch vollkommene Verwandlung.

Die **unvollkommene Verwandlung (Hemimetabolie):** die Larvenstadien sind dem erwachsenen Insekt ähnlich und unterscheiden sich äußerlich durch das Fehlen der Flügel. Die Larve wächst unter Häutungen heran und wandelt sich allmählich zum Vollinsekt. Larvenstadien zeigen zwar Flügelanlagen, die Entfaltung der Flügel erfolgt aber erst nach der letzten Häutung zum geschlechtsreifen Vollinsekt.

EI – LARVE – VOLLINSEKT

Insekten mit unvollkommener Verwandlung sind (Auswahl):
Eintagsfliegen, Libellen, Steinfliegen, Heuschrecken, Ohrwürmer, Schaben, Termiten, Flechtlinge, Tierläuse, Fransenflügler (Thripse), Pflanzensauger (Homoptera; Zikaden, Blattflöhe, Weiße Fliegen, Blattläuse, Schildläuse).

Die vollkommene Verwandlung (Holometabolie): Zwischen Larvenstadien und Vollinsekt besteht keine Ähnlichkeit. Die Umwandlung erfolgt über ein Puppenstadium, in dem ein Teil der Larvenanlagen aufgelöst wird und sich die Organe des Vollinsektes ausbilden.

EI – LARVE – PUPPE – VOLLINSEKT

Insekten mit vollkommener Verwandlung sind (Auswahl):
Netzflügler, Käfer, Hautflügler, Köcherfliegen, Schmetterlinge, Skorpionsfliegen, Zweiflügler, Flöhe.

5.2 LIBELLEN ODER WASSERJUNGFERN *(ODONATA)*

Libellen sind sehr schön gefärbte, metallisch glänzend oder bunt gezeichnete Insekten von 1,3 bis 13 cm Körperlänge und ebensolcher Flügelspannweite.

Auf den breitesten Körperteil, den Kopf, folgt ein schlanker, kräftiger Brustabschnitt und ein normalerweise wesentlich dünnerer, schlanker Hinterleibsabschnitt. Der gut bewegliche Kopf trägt große, stark vorstehende Augen und unauffällige, borstenartige Fühler.

Die 4 Flügel sind meist glasklar, manchmal bunt gefleckt und reich netzartig geadert. An der Flügelausbildung werden die Unterordnungen unterschieden:

Zygoptera (Kleinlibellen): mit gleichartigen Flügelpaaren, die sie in Ruhestellung nach hinten über dem Körper zusammenlegen und

Anisoptera (Großlibellen): mit ungleichartigen Flügelpaaren, die sie in Ruhe waagrecht ausgebreitet halten (Abb. 22).

Die Larven der Libellen leben räuberisch im Wasser, wo sie mithilfe der zu einer einklappbaren Greifzange umgestalteten Unterlippe („Fangmaske"), verschiedene Wassertiere (Wasserinsekten, Kaulquappen, kleine Fische) erbeuten. Sie können manchmal in Fischteichen schädlich werden.

Während die Kleinlibellen meistens ihren Lebenszyklus in einem Jahr vollenden, kann die Entwicklung bei Großlibellen 1–5 oder mehr Jahre betragen. Sie besitzen eine unvollkommene Verwandlung.

Die erwachsenen Libellen gehören zu den besten Fliegern in der Insektenwelt. Die an das Flugleben angepasste Körpergestalt erlaubt Beutefang, -verzehr, Paarung und Eiablage (bei manchen Arten) im Flug.

Sie sind vorwiegend in Wassernähe, aber auch weit entfernt davon in Wäldern, Auen, Gärten und landwirtschaftlichen Kulturen anzutreffen. Sie erbeuten Fliegen, Mücken, Käfer und Schmetterlinge, darunter sicher viele Fliegen und Mücken, die den Menschen in Wassernähe plagen können.

Libellen haben aber für den Menschen weder als Schädlinge noch als Nützlinge größere Bedeutung.

Abb. 22: Häufige Libellenarten sind die vierfleckige Wasserjungfer (Großlibelle) (1), die Schlankjungfer (3) und die Gebänderte Prachtlibelle (2).

5.3 OHRWÜRMER *(DERMAPTERA)*

Ohrwürmer erhielten ihren Namen aufgrund der oft einem Nadelöhr ähnlich geformten Zangen am Hinterleib. Die Hinterflügel sind äußerst kompliziert unter den kurzen Deckflügeln zusammengelegt. Nur wenige Arten gebrauchen die Flügel regelmäßig zum Flug. Ohrwürmer bewegen sich vorwiegend durch flinkes, wendiges Laufen. Die Zangen dienen vorwiegend der Verteidigung und spielen bei der Paarung eine wichtige Rolle.

Das Fortpflanzungsverhalten dieser Tiere ist sehr interessant. Nach der Überwinterung in Erdverstecken legt das Weibchen im Frühjahr an die 100 Eier in selbst gegrabenen Erdhöhlen ab und bewacht sowohl Eier als auch Junglarven. Nach 4 Larvenstadien sind die Ohrwürmer im Frühsommer erwachsen und bilden eine zweite Generation aus.

Ohrwürmer haben ein breites Nahrungsspektrum, das von pflanzlicher bis zu tierischer und pilzlicher Nahrung reicht. Aus diesem Grunde werden sie sowohl zu den Nützlingen als auch zu den Schädlingen gezählt. Der Schaden, den diese Tiere anrichten ist als eher gering zu bezeichnen. Abgesehen vom fallweisen primären Fraß an Blütenknospen sind sie eher sekundär an reifen, bereits beschädigten Früchten zu finden, wobei sie die ursprünglichen Wunden vergrößern. Durch ihre besondere Vorliebe für Blattläuse, die sie auch in stark gerollten Blättern aufspüren, und Blutläuse sowie Eier und Junglarven von Schmetterlingen sind die Ohrwürmer jedoch vorwiegend nützlich.

In Mitteleuropa sind mehrere Ohrwurmarten bekannt, von denen der **Gemeine Ohrwurm** *(Forficula auricularia)* weitaus am häufigsten anzutreffen ist (Abb. 23).

Da der Ohrwurm nachtaktiv ist, nimmt er gerne Verstecke an, in die er sich tagsüber zurückziehen kann. Um eventuelle Schäden an reifenden Früchten zu verhindern, ist es ratsam, solche künstliche Verstecke (Ohrwurmhäuschen) kurz vor der Fruchtreife wieder zu entfernen (Abb. 24).

Abb. 23: Männchen eines erwachsenen Gemeinen Ohrwurmes. Das zirka 16 mm große Tier ist trotz geringfügiger Pflanzenschädigungen vor allem als Blatt- und Butlausfeind von Bedeutung.

Abb. 24: Ein mit Holzwolle gefüllter Blumentopf wird gerne als Versteck angenommen, wenn er mit der Öffnung nach unten und an Stamm oder Ästen anliegend aufgehängt wird.

5.4 WANZEN *(HETEROPTERA)*

Wanzen gehören zur Überordnung der *Schnabelkerfe (Hemipteroidea)*, die in die Ordnungen *Homoptera* (Pflanzensauger, Gleichflügler) und *Heteroptera* (Wanzen) gegliedert wird.

Pflanzensauger sind sehr bedeutende landwirtschaftliche Schädlinge (Zikaden, Blattflöhe, Mottenläuse oder Weiße Fliegen, Blattläuse, Schildläuse), unter den Wanzen finden sich landwirtschaftlich wichtige Schädlinge und Nützlinge.

Es gibt etwa 40.000 Arten, davon etwa 800 in Mitteleuropa.

Wanzen besitzen, wie alle Schnabelkerfe, einen stilettartigen Saugrüssel. Dieser entspringt bei den Wanzen vorne am Kopf und liegt in Ruhe meist an der Unterseite des Körpers.

Bei den Homopteren setzt der Saugrüssel hingegen unten hinten am Kopf an. Durch dieses Merkmal und die dachförmig getragenen Flügel der Homopteren kann man Vertreter beider Ordnungen leicht voneinander unterscheiden.

Erwachsene Wanzen sind 2–12 mm groß, ihr Körper ist meist abgeflacht. Der Kopf trägt viergliedrige Fühler, die manchmal gekniet sind. Hinter dem relativ großen Halsschild und zwischen dem lederartigen Teil der Deckflügel befindet sich ein dreieckiges Schildchen (Scutellum). Die 4 Flügel sind in Ruhe flach über dem Körper zusammengelegt. Die Vorderflügel sind als Halbdecken ausgebildet, d. h. zur Hälfte ledrig verstärkt. Es gibt aber auch Arten, deren Flügel stark reduziert sind oder denen sie fehlen.

Die Beine sind in der Regel als Laufbeine ausgebildet. Die bevorzugte Art der Fortbewegung der Wanzen ist das schnelle Laufen.

Die *Larven* der Wanzen sind den erwachsenen Tieren bereits ähnlich, da es sich um Insekten mit unvollkommener Verwandlung handelt. Ein Puppenstadium fehlt. Die Larven ernähren sich ebenfalls saugend. In der Regel werden 5 Larvenstadien entwickelt. Ab dem dritten oder vierten Larvenstadium werden bei später geflügelten Wanzen die Flügelanlagen sichtbar.

Die Form der *Eier* ist sehr verschieden und oft charakteristisch für eine Gattung. Sie sind ovoid, rundlich bis länglich. Viele Eier haben am freien Ende einen Deckel, der beim Schlüpfen von der Larve abgesprengt wird.

Je nach Art können in unseren Breiten 1–3 Generationen pro Jahr zur Entwicklung kommen. Die Überwinterung erfolgt entweder als Ei oder als Vollinsekt in Pflanzenverstecken.

Zahlreiche, auf Insekten und Spinnentiere als Beute spezialisierte Wanzenarten zählen zu den wichtigsten natürlichen Feinden landwirtschaftlicher Schädlinge. Sowohl Vollinsekten als auch Larven leben räuberisch.

Mit ihrem Speichel können sie auch größere Beutetiere lähmen und den Körperinhalt der Opfer für das Aussaugen aufbereiten.

Räuberisch lebende Wanzen gehören in überwiegendem Maße den Familien der Sichelwanzen, Blumenwanzen und Weichwanzen an.

5.4.1 Sichelwanzen *(Nabidae)* (Tafel 1)

Von den Sichelwanzen sind in Mitteleuropa 16 Arten bekannt, die sich überwiegend räuberisch von Blattläusen und anderen Insekten ernähren. Durch ihre verhältnismäßig große (bis 12 mm) und schlanke Körpergestalt können sie sogar ausgewachsene Wicklerraupen überwältigen. Charakteristisch ist die gebogene Form ihres Rüssels, den sie zum Unterschied von Vertretern der anderen nützlichen Wanzenfamilien in Ruhestellung nicht an die Körperunterseite anlegen. Ihre Fühler sind lang. Manche Arten fallen durch ihre kurzen Flügel und den aufgebogenen Rand des Hinterleibes auf.

Es gibt meist nur eine Generation pro Jahr.

Die Überwinterung erfolgt je nach Art als Ei oder als Vollinsekt.

Vertreter dieser Familie halten sich vor allem in Bodennähe an Gräsern und Stauden auf.

Buschraubwanze *(Nabis = Himacerus apterus):* bis 12 mm groß, ist auch an Sträuchern und Bäumen zu finden. Ihre Flügel sind kurz, der Hinterleibsrand ist deutlich aufgebogen. Die Überwinterung erfolgt als Ei, das in die Rinde verholzter Pflanzenteile gesenkt wird.

Brachenraubwanze *(Nabis pseudoferus):* mit 7–9,5 mm etwas kleiner, Kopf und Brust mit deutlich dunklem Mittelstreifen (Abb. 26). Lebt vorwiegend an Pflanzen in Bodennähe. Die ausgewachsenen Wanzen überwintern.

5.4.2 Blumenwanzen *(Anthocoridae)* (Tafel 1)

Von den zirka 35 Arten in Mitteleuropa sind nur wenige in landwirtschaftlichen Kulturen regelmäßig anzutreffen. Sie sind kleinere (1–4 mm) und zartere Tiere, die vor allem den Gattungen *Anthocoris* und *Orius* angehören. Die etwas größeren Arten der Gattung *Anthocoris* leben überwiegend von Blattläusen und Blattsaugern, die kleineren *Orius*-Arten häufig von Spinnmilben, Gallmückenlarven und Thripslarven.

Blumenwanzen haben 2–3 Generationen und überwintern als erwachsenes Tier meist unter Borkenschuppen oder im Falllaub. Sie unterscheiden sich von den Sichelwanzen durch ihren geraden Rüssel, von den Weichwanzen durch 1 Paar Ocellen zwischen den Komplexaugen.

Die Weibchen verlassen im Frühjahr ihr Winterversteck und versenken bis zu 200 weiße Eier so tief in die Epidermis der Blattunterseiten, Blattnerven und Blattstiele, dass oft nur mehr das weiße Deckelchen sichtbar bleibt (Tafel 1).

Anthocoris-Arten (Abb. 27):

Von den beiden landwirtschaftlich wichtigsten Vertretern dieser Gattung sind *Anthocoris nemorum* und *A. nemoralis* zu nennen. Beide Arten sind in Aussehen und Lebensweise sehr ähnlich und unterscheiden sich nur durch die etwas kürzeren Fühler und matteren Flügeldecken von *A. nemoralis*. Beide Arten sind sehr gefräßige Räuber, die weit verbreitet auf Bäumen, Sträuchern und Kräutern leben. Ihr Wirtskreis erstreckt sich auf Räupchen,

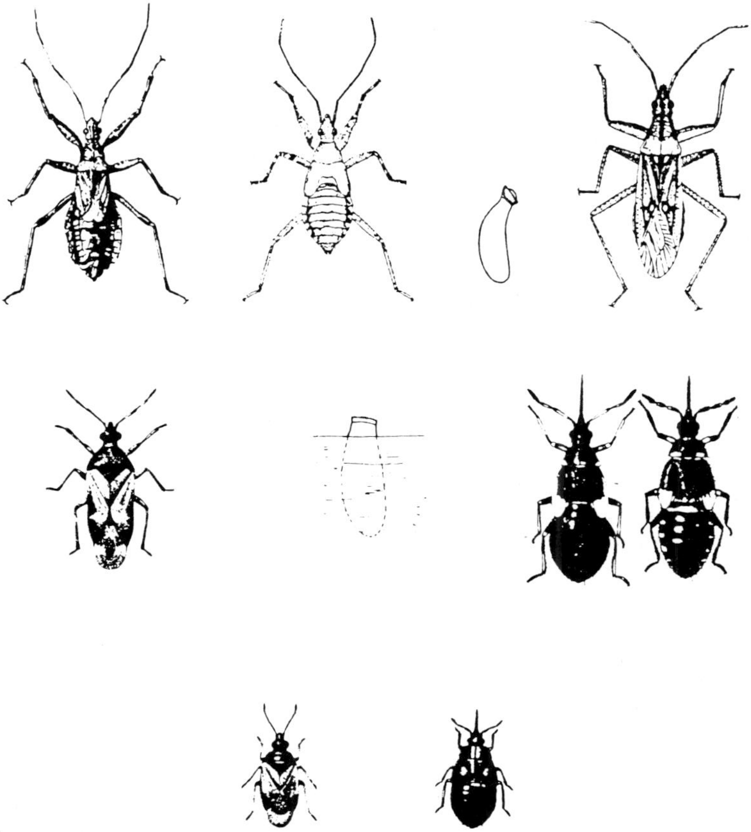

Tafel 1: Sichel- und Blumenwanzen

1. Reihe: Nabiden: *Himacerus apterus* erwachsen; *H. apterus* Larve; Ei einer Sichelwanze; *Nabis ferus*.
2. Reihe: Anthocoriden: *Anthocoris nemorum*; versenktes Ei einer Anthocoride; Larve von *A. nemorum*; Larve von *A. nemoralis*.
3. Reihe: *Orius minutus*; Larve von *Orius majusculus*.

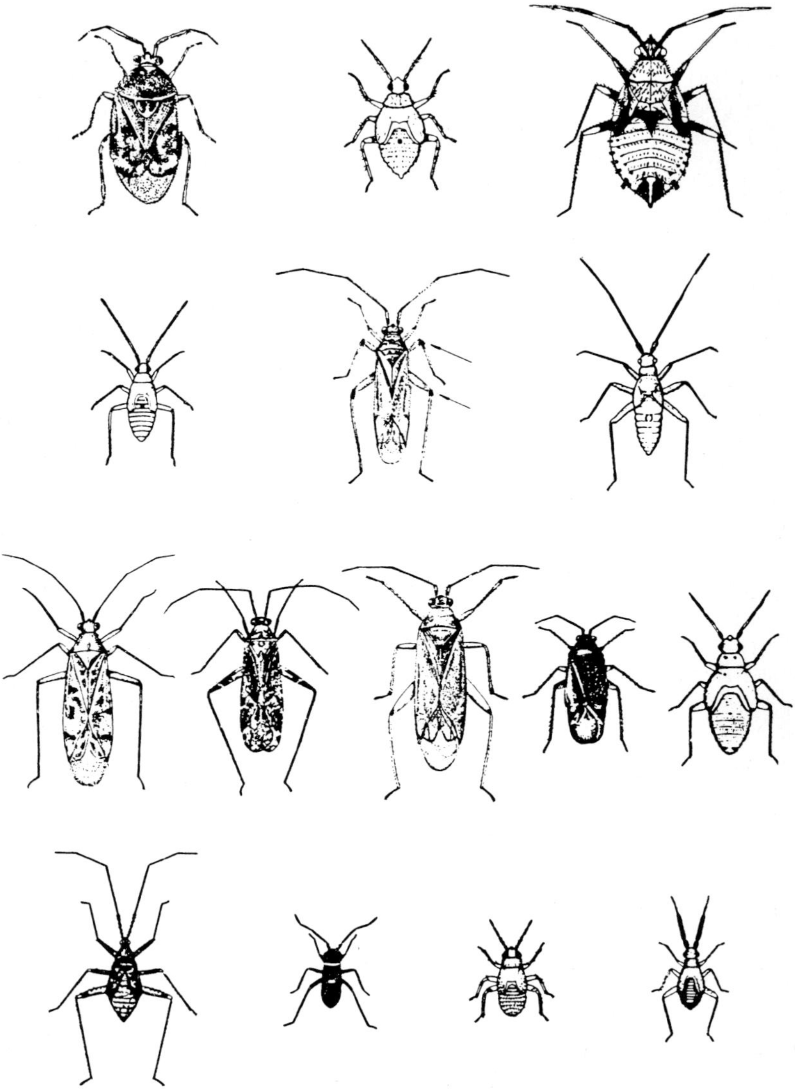

Tafel 2: Weich-/Blindwanzen

1. Reihe: *Deraeocoris lutescens*; *D. lutescens* Larve; *Deraeocoris ruber* (Larve).
2. Reihe: Larve von *Blepharidopterus angulatus*; *B. angulatus*; Larve von *Malacocoris chlorizans*.
3. Reihe: *M. chlorizans*; *Phytocoris dimidiatus*; *Orthotylus marginalis*; *Psallus ambiguus*; Larve von *P. ambiguus*.
4. Reihe: Larven von *Phytocoris sp.*; *Pilophorus perplexus*; *Campylomma verbasci*; *Heterotoma meriopterum*.

Gallmückenlarven, Käferlarven und -puppen sowie alle Stadien von Blattläusen, -saugern und Spinnmilben.

Als Hauptfeinde der gefährlichen Birnblattsauger sind sie im Obstbau besonders willkommen.

Erwachsene Tiere der *Anthocoris*-Arten werden 3–4,5 mm groß, Kopf, Brust und Hinterleib sind schwarz, die Beine gelbbraun. Die Flügel sind dunkelbraun und besonders an den Flügelenden mit schwarzbrauner Zeichnung versehen.

Die Larven sind kleiner (1–3,5 mm), flach und meist rotbraun gefärbt. Sie unterscheiden sich von jenen der Gattung *Orius* durch die am Ende etwas verdickten und dunkel gefärbten Fühler. Durch Überschneiden der zwei Generationen pro Jahr sind von April/Mai bis in den September alle Entwicklungstadien zu finden.

Orius-Arten:

Von den sehr kleinen, meist nicht länger als 3 mm langen Vertretern dieser Gattung ist der Kleine Putt *(Orius minutus)* zu nennen. Trotz ihrer geringen Größe (2,5 mm) ist diese Wanzenart als landwirtschaftlich sehr wichtiger Nützling einzustufen, da Adulte und Larven sich neben Blattläusen und Blattsaugern besonders gerne von Spinnmilben und deren Eiern ernähren. Zusammen mit anderen Spinnmilbenfeinden (z. B. „Kugelkäfer", Raubmilben) sind sie imstande, Übervermehrungen dieser gefährlichen Schädlinge rasch zu beenden.

Kopf, Brust und Hinterleib der adulten Tiere sind schwarz, die Vorderflügel braun bis gelbbraun mit einem dunklen Fleck am äußeren Flügelende. Die winzigen (1–2 mm) Larven sind braun-rotbraun, unterscheiden sich von *Anthocoris*-Arten durch ihre Fühler (s. o.) und sind vor allem im Frühling und Herbst (2 Generationen) sehr häufig.

Adulte Tiere sind meist im Juni und August/September zu finden.

Andere, häufig auftretende, ähnliche Arten aus dieser Gattung sind *Orius vicinus* und *O. majusculus*.

5.4.3 Weich- oder Blindwanzen *(Miridae)* (Tafel 2)

Wanzen dieser Familie erhielten durch den weichen und zarten Körperbau ihren Namen. Sie werden auch als Blindwanzen bezeichnet, da ihnen im Gegensatz zu den anderen Wanzenfamilien die punktförmigen Stirnaugen *(Ocellen)* fehlen.

Die Familie der Weichwanzen ist mit zirka 300 heimischen Arten sehr umfangreich. Sie sind 1–12 mm groß und außerordentlich vielgestaltig. Ihre Gattungen und Arten unterscheiden sich auch häufig durch ihre Lebensweise. Einem überwiegenden Teil sehr nützlicher Arten stehen einige als Pflanzensauger schädliche und einige sowohl nützlich als auch schädlich einzustufende Arten gegenüber.

Die hier erwähnten, mehrheitlich nützlichen Arten sind als wichtige Räuber vor allem von Blattläusen und Spinnmilben bekannt. Die Überwinterung erfolgt vorwiegend als Ei in Rindenverstecken.

Abb. 25: Weichwanze. Weichwanzen und Blumenwanzen tragen den stilettartigen Saugrüssel in Ruhe an die Unterseite des Körpers geklappt.

Abb. 26: Ein häufiger Vertreter der Sichelwanzen ist die schlanke Brachenraubwanze.

Abb. 27: Die kleinen und zarten Blumenwanzen der Gattung *Anthocoris* jagen eine große Zahl auch versteckt sitzender landwirtschaftlicher Schädlinge.

Abb. 28: Die Weichwanze *Deraeocoris lutescens* (Glatter Nimrod) ist ein bedeutender Blattlausfeind.

Abb. 29: Larve von *Orius sp.* in einer Spinnmilbenkolonie.

Einige wichtige Gattungen und Arten dieser Familie sind:
Deraeocoris-Arten:

Sie sind weit verbreitet auf Bäumen, aber auch in bodennahen Krautschichten zu finden, wo sie vor allem als Blattlausfeinde von Bedeutung sind, aber auch andere kleine Insekten annehmen. Sie bilden nur 1 Generation pro Jahr.

Als bedeutendste Art ist *D. lutescens* (Glatter Nimrod) (Abb. 28) zu nennen, deren Adulte zirka 3,8–4,6 mm lang werden, ovale Körperform besitzen und deren gelbbraun gefärbte, glänzende Körperoberfläche mit vielen kleinen schwarzen Pünktchen übersät ist. Die Beine dieser Art sind hellgelb, zeigen an den Schienen 2 dunkle Ringe.

Die Überwinterung erfolgt – eine Ausnahme in dieser Familie – als Imago.

Weitere Arten dieser Gattung sind *D. ruber* (6,5–7,5 mm, schwarze und rote Körperzeichnungen, Nymphe dunkelpurpurrot) und *D. olivaceus*.

Blepharidopterus angulatus (Schwarzkniewanze): erwachsene Wanzen werden 5–6 mm groß, sind schlank gebaut und meist dunkelgrün gefärbt. Typisch für diese Wanzenart sind ihre schwarzen Knie. Sie entwickelt nur 1 Generation pro Jahr. Die in die weiche Rinde von 1–2-jährigen Trieben versenkten Eier überwintern. Die Larven weisen an der Oberseite des Hinterleibes einen orangeroten Fleck auf (Dorsaldrüse). Obwohl diese Wanzenart relativ groß ist, lebt sie fast ausschließlich von Spinnmilben. Im Laufe ihres Lebens kann sie bis zu 4000 Milben vertilgen.

Malacocoris chlorizans ist eine weitere, vor allem auf Spinnmilben spezialisierte Wanzenart. Die kleinere (zirka 4 mm), zierliche, blassgrün gesprenkelte Wanze hat 2 Generationen pro Jahr. Sie legt ihre Wintereier in Rindenvertiefungen, die Sommereier an die Blattunterseite. Die blassgrünen Larven haben lange Beine und Fühler. Sie tritt verbreitet an unbehandelten Sträuchern (häufig Hasel) und Bäumen auf.

Orthotylus marginalis: erwachsene Wanzen sind leuchtend grün, 6–7 mm groß. Die ebenfalls grünen Larven besitzen am Hinterleib so wie *B. angulatus* eine deutlich sichtbare orangefarbige Drüse. Diese Wanzenart lebt vorwiegend von Blattläusen und ist häufig an Stauden, Büschen und Bäumen zu finden.

Psallus ambiguus: diese, auch Forstwanze genannte Art, ist an vielen Laubgehölzen ein häufiger Räuber von Blattläusen, Blattsaugern und anderen Insekten, seltener auch Spinnmilben. Die bis 5 mm lange Wanze ist rotbraun bis schwärzlich und hat ein rotes Schildchen (Scutellum). Die Larven sind blaugrün, ihre Fühler dunkel geringelt. Nur eine Generation, die Eier überwintern.

Einige weitere nützliche Weichwanzenarten sind:
Phytocoris dimidiatus, *P. tiliae* und *P. ulmi*, *Pilophorus perplexus*, *Campylomma verbasci*, *Heterotoma meriopterum*, *Atractotomus mali* u. a.

5.5 NETZFLÜGLER *(NEUROPTEROIDEA)*

Netzflügler sind kleine bis große Insekten mit weichem Körper, die meist braun oder grün gefärbt sind. Sie sind durch 2 Paar durchsichtige Flügel, die netzartig geadert sind, ausgezeichnet. Vorder- und Hinterflügel sind etwa gleich groß. In Ruhestellung werden sie dachförmig über dem Hinterleib zusammengelegt. Die Fühler sind lang und dünn, die Komplexaugen meist groß.

In Mitteleuropa kommen zirka 80 Arten vor.

Alle Arten sind als erwachsene Insekten und als Larven räuberisch und somit wichtige Helfer bei der Vertilgung von Schädlingen.

Zur Überordnung der Neuropteroidea gehören die Ordnungen der
Großflügler oder **Schlammfliegen** *(Megaloptera)*
Kamelhalsfliegen *(Raphidioptera)*
Echte Netzflügler oder **Landhafte** *(Neuroptera, Planipennia)*

Auf die Schlammfliegen, deren Larven räuberisch im Wasser leben, soll hier nicht eingegangen werden.

5.5.1 Kamelhalsfliegen *(Raphidioptera)*

Die Kamelhalsfliegen verdanken ihren Namen einem langen, krummen „Hals", den das stielartig verlängerte erste Brustsegment bildet.

Kamelhalsfliegen sind 10–12 mm lange, schwarz gefärbte Tiere. Die hellen, dunkel geäderten Flügel tragen am Vorderrand einen länglichen dunklen Fleck. Die Flügelspannweite beträgt je nach Art 14–31 mm. Bei den weiblichen Kamelhalsfliegen ist am Hinterleib eine lange dünne Legeröhre ausgebildet, mit der sie ihre Eier in Rindenritzen ablegen (Abb. 30).

Die länglichen Larven sind schon durch den ersten verlängerten Brustring als Kamelhalsfliege zu erkennen.

Kamelhalsfliegen besitzen eine vollkommene Entwicklung. Die Entwicklungsdauer beträgt meist 2–3 Jahre. In Mitteleuropa kommen 12 Arten vor.

Abb. 30: Kamelhalsfliegen erkennt man an dem langen, krummen „Hals". Weibchen besitzen am Hinterende eine lange Legeröhre.

Kamelhalsfliegen bevorzugen schattige Stellen, wo sie sowohl als Larven als auch als erwachsene Tiere räuberisch tätig sind. Die Larven halten sich in Rindenspalten oder in den Fraßgängen von Holzinsekten auf, deren Larven sie jagen und fressen. Kamelhalsfliegen vertilgen Rüssel- und Borkenkäfer, Blattläuse, Blattwespen und Raupen sowie Eier verschiedener Insekten und erweisen sich somit für Land- und Forstwirtschaft als nützlich.

Ihre wirtschaftliche Bedeutung ist aber nicht allzu groß, da sie in der Regel nicht häufig vorkommen.

5.5.2 Echte Netzflügler oder Landhafte *(Planipennia)*

Erwachsene Landhafte sind zwischen 2 und 70 mm lang. Die zarten, reich geäderten Flügel werden dachförmig über dem Körper getragen. Bei Florfliegen sind sie grünlich, bei Taghaften grau oder bräunlich getrübt, bei Ameisenjungfern glasklar, bei Schmetterlingshaften bunt.

Der Kopf trägt lange, dünne Fühler, große Komplexaugen und kauende, nach unten gerichtete Mundwerkzeuge.

Während die Larven der Kamelhalsfliegen und Schlammfliegen kauende Mundwerkzeuge besitzen, sind diese bei den Larven der Echten Netzflügler zu kräftigen Saugzangen umgewandelt (Abb. 31). Die Larven umfassen damit zangenartig die Beute, stechen sie an und geben in sie Verdauungssäfte aus ihrem Mitteldarm ab. Die gelösten Stoffe werden dann durch denselben Kanal wieder aufgesaugt.

Die Larven der Echten Netzflügler besitzen noch eine Besonderheit: der Larvendarm hat keine Verbindung zum After. Die Verbindung zwischen Mittel-und Hinterdarm wird erst in der Puppe hergestellt. Verdauungsreste der Larve werden von den erwachsenen Tieren ausgeschieden.

Die Puppen liegen in einem aus dem Sekret der Malpighischen Gefäße der Larve gesponnen Seidenkokon, den sie durchbeißen und ganz (Chrysopidae) oder teiweise (Myrmeleonidae) verlassen. Erst dann kommt es zum Schlüpfen des Vollinsektes.

Von den in Mitteleuropa vertretenen 8 Familien sind aus der Sicht des Pflanzenschutzes vor allem folgende interessant:

5.5.2.1 Florfliegen *(Chrysopidae)*

Florfliegen sind sicher die bekanntesten Netzflügler. Sie verdanken ihren Namen den zarten florartigen Flügeln, die länger als der Körper sind und in Ruhe steil dachförmig über dem Körper getragen werden. Die Flügel sind mit einer netzartigen Aderung ausgestattet. Der Name „Florfliege" ist zwar gebräuchlich, doch zoologisch gesehen falsch, da es sich nicht um Fliegen handelt, bei denen das 2. Flügelpaar zu Schwingkölbchen umgewandelt ist.

Florfliegen werden auch als „Goldaugen" bezeichnet, weil ihre großen, vorstehenden Komplexaugen golden metallisch glänzen.

Die *Chrysopa*-Arten (zirka 50 in Europa) sind etwa 1 cm groß und grün oder gelblich. Körper und Flügel sind nackt (Abb. 32).

Die Larven sind lang gestreckt, spindelförmig und tragen Haare, die meist in Gruppen auf Warzen stehen. Die Larven mancher Arten tarnen sich, indem sie mit den Borsten Rindenstückchen oder leere Blattlaushüllen aufspießen. Die zwei großen, gekrümmten Saugzangen der Larven sind länger als der Kopf.
Die Überwinterung erfolgt entweder als erwachsenes Insekt, als verpuppungsbereite, eingesponnene Larven oder als jüngeres Larvenstadium.
Florfliegen entwickeln in Mitteleuropa 2–3 Generationen.

Man begegnet erwachsenen Florfliegen ziemlich häufig. Im Herbst und Winter kann man sie oft in Spalten und anderen Verstecken, in Wohnräumen, Veranden und auf Dachböden antreffen, wo sie sich zur Überwinterung zurückgezogen haben. Sie verändern dabei infolge der Kälte ihre Körperfarbe reversibel von grün bis rötlich.
Im Frühjahr und im Sommer findet man sie in Gärten, Feld und Wald.
Nach der Paarung im Frühjahr beginnen die Weibchen ihre Eier oft in der Nähe von Blattlauskolonien auf Blättern und Trieben abzulegen (Abb. 34). Die Eiablagen sind unverkennbar, da die Eier auf kurzen oder langen, biegsamen Stielen sitzen (Abb. 33). Der Stiel ist der erstarrte Faden eines Drüsensekretes. Die Eier können, je nach Florfliegen-Art, einzeln oder in kleinen Gruppen, gruppenweise (20–40) oder büschelig angeordnet sein. Sie sind anfänglich grünlich, später gelblich.

Die Larven sind sehr aktive Räuber, die Eier, Jungstadien und erwachsene Insekten, aber auch Eier (z. B. Wintereier der Obstbaumspinnmilbe) und Entwicklungsstadien von Milben als Nahrung annehmen. Unter frisch geschlüpften Florfliegenlarven kommt es oft zu Kannibalismus.

Das Fraßvermögen von Florfliegen soll an 2 Beispielen gezeigt werden:
Eine Larve von *Chrysopa carnea* kann pro Stunde 30–50 bewegliche Stadien der Obstbaumspinnmilbe (= Rote Spinne) fressen und im Laufe ihrer Entwicklung 200–500 Blattläuse vernichten.

Eine Larve von *Chrysopa septempunctata* kann in ihrer Larvalzeit 400 bis 500 erwachsene Blattläuse oder bis zu 1000 Blattläuse jüngerer Stadien verzehren. Ein erwachsenes Weibchen vermag in einer halben Stunde bis zu 40 Blattläuse zu vernichten.

Auch die erwachsenen Florfliegen sind mit wenigen Ausnahmen räuberisch. Tagsüber halten sie sich an schattigen Stellen auf Bäumen, Sträuchern oder auf krautigen Pflanzen auf. Erst in der Dämmerung gehen sie auf Nahrungssuche. Ertasten sie mit den langen Fühlern eine geeignete Beute, so stürzen sie sich auf sie, zerkauen sie mit den beißenden Mundwerkzeugen und verschlingen sie restlos. Während des Tages sind die Tiere eher träge, während des Abends aber sehr aktiv.

Die Art *Chrysopa carnea* hingegen ernährt sich erwachsen meist nicht räuberisch, sondern von Nektar, Pflanzensäften, Honigtau und Pollen. Diese Art kann auch industriell vermehrt und in Glashäusern zur biologichen Bekämpfung verwendet werden (siehe dazu Kap. VII).

Abb. 31: Larve einer Florfliege.

Abb. 32: Florfliegen besitzen große Flügel mit netzartigem Geäder. Wegen ihrer metallisch glänzenden Augen tragen sie auch den Namen „Goldaugen".

Abb. 33: Gestieltes Ei einer Florfliege auf einem Rebblatt.

Abb. 34: Florfliegen legen ihre Eier in der Nähe von Blattlauskolonien ab. Die daraus schlüpfenden Junglarven finden daher sofort Nahrung.

Nat. Größe 7 mm

Abb. 35: Larve („Blattlauslöwe") und erwachsenes Tier von *Hemerobius humuli*.

5.5.2.2 Blattlauslöwen, Taghafte *(Hemerobiidae)*

Meist graue oder braune Tiere, die oft stark behaart sind. In Mitteleuropa gibt es 42 Arten. Blattlauslöwen werden regelmäßig auf Sträuchern und Bäumen angetroffen.

Ihre Larven sind weniger borstig als die Larven der Florfliegen (Abb. 35).

Erwachsene und Larven sind aktive Räuber, die vorwiegend Blattläuse vertilgen (Name!), aber auch andere Kleininsekten und Milben sollen gefressen werden. Eine Hemerobius-Larve frisst im Laufe ihres Lebens etwa 200 Blattläuse.

5.5.2.3 Ameisenjungfern *(Myrmeleonidae)*

Die erwachsenen Ameisenjungfern sehen kleinen Libellen ähnlich, können von diesen aber an ihren kräftigen, gekeulten Fühlern unterschieden werden. Die kurzlebigen Vollinsekten leben tagsüber versteckt und gehen erst in der Dämmerung und in der Nacht auf Jagd. Sie sind räuberisch, nehmen aber nur wenig Nahrung auf.

Bekannt sind ihre Larven, die Ameisenlöwen. Der bekannteste Ameisenlöwe, *Myrmeleon formicarius*, baut Trichter in feinen Sand, an deren Grund er mit seinen kräftigen Zangen auf herabfallende Opfer lauert. Vor allem Ameisen, aber auch andere kleine Insekten rutschen an den schrägen Trichterwänden aus rieseligem Sand nach unten, wobei die Ameisenlöwen durch Sandschleudern nachhelfen können. Die Trichter von Ameisenlöwen findet man an besonnten Orten, die von Regen und starkem Wind gut geschützt sind (Böschungen, Waldränder).

Nicht alle Larven der Ameisenjungfern bauen aber Trichter.

5.5.2.4 Staubhafte *(Coniopterygidae)*

Staubhafte sind nur 2–4mm lang und damit die kleinsten Netzflügler. Ihre auffallend weiß mit Wachsplättchen gepuderten Flügel haben zu dem Namen Staubhafte geführt.

In Mitteleuropa kommen etwa 17 Arten vor.

Die trägen erwachsenen Vollinsekten leben von kleinen Insekten und Milben und von Honigtau und Nektar.

Die flinken Larven machen auf Bäumen und Sträuchern Jagd auf Planzenläuse und kleine Gliedertiere und deren Eier.

5.6 KÄFER *(COLEOPTERA)*

Käfer sind die artenreichste Insektengruppe. Bisher sind etwa 350.000 Arten bekannt, doch rechnet man mit einer halben Million Käferarten auf der Erde. In Österreich z. B. gibt es 7200 Käferarten, d. h. dass etwa ein Viertel aller in Österreich frei lebenden Tierarten Käfer sind!

Ursache für den biologischen Erfolg der Käfer dürfte in der Entwicklung harter Flügeldecken (Elytren) beim ersten Flügelpaar liegen, welche die häutigen Hinterflügel schützen. Dadurch konnten viele Lebensräume erobert werden, ohne sich der Gefahr der Verletzung oder Verschmutzung der Flügel (z. B. in Holz, im Erdreich) auszusetzen. Zum Fliegen dienen allein die Hinterflügel. Viele Käferarten fliegen überhaupt nicht.

Die Käfer besitzen beißende Mundwerkzeuge. Sie können Fleisch-, Pflanzen- oder Allesfresser sein.

Je nach den Lebensgewohnheiten sind die Beine vielfältig gestaltet (Lauf-, Sprung-, Grab-, Schwimmbeine).

Die Entwicklung der Käfer erfolgt in einer vollkommenen Verwandlung.

Käferlarven zeigen eine stark chitinisierte Kopfkapsel, drei Brustsegmente mit je einem Paar Beine und 9 fußlose Hinterleibsringe. Ihr Körper kann sehr unterschiedlich gestaltet sein: länglich – abgeflacht mit großen Laufbeinen (Kurzflügler, Laufkäfer), drahtrund und gleichmäßig segmentiert („Drahtwürmer" = Schnellkäferlarven), engerlingsförmig (Maikäfer) oder madenförmig mit mehr oder weniger reduzierten Beinpaaren (Borkenkäfer, Rüsselkäfer).

Die Verpuppung erfolgt oft in einem Versteck. Viele Larven fertigen eine Puppenwiege an, eine mit Speichel oder Kot ausgeglättete Mulde oder kokonartige Umhüllung in Holz, Mulm oder Erde. Die meisten Käfer bilden eine Freie Puppe (Pupa libera) mit frei beweglichen Extremitäten. Die nützlichen Marienkäfer haben eine Mumienpuppe, bei der die Extremitäten am Körper fest angekittet sind.

Käfer spielen in der Land- und Forstwirtschaft eine große Rolle, da zahlreiche Arten als oft sehr gefährliche Schädlinge und viele Arten als Nützlinge auftreten.

In der Landwirtschaft sind viele Blatthorn-, Glanz-, Schnell-, Rüssel- und Blattkäfer, in der Forstwirtschaft vor allem Bock-, Rüssel- und Borkenkäfer schädlich. Als Vorrats- und Materialschädlinge sind Vertreter von Klopf-, Speck-, Samen-, Rüssel- und Bockkäfer bekannt.

Nützliche Käfer sind räuberische Formen, wie zum Beispiel Vertreter aus den Familien der Laufkäfer *(Carabidae)*, Buntkäfer *(Cleridae)*, Marienkäfer *(Coccinellidae)*, Weichkäfer *(Cantharidae)* und Kurzflügler *(Staphilinidae)* sowie Formen, die sich als Blütenbestäuber nützlich machen *(Pinsel-* und *Rosenkäfer)*.

Von den etwa 200 Familien der Ordnung der Käfer, können in der Folge nur wenige mit einigen wichtigen nützlichen Vertretern vorgestellt werden.

5.6.1 Laufkäfer *(Carabidae)*

Neben Schädlingen finden sich in dieser Familie auch viele nützliche Käferarten (Abb. 36, 37), wie zum Beispiel Laufkäfer der Gattung *Carabus* und *Calosoma*.

Carabus-Arten: Wie schon der Name sagt, sind diese Käfer sehr flinke Läufer. Sie halten sich vorwiegend in der Bodenregion auf. Viele sind flugunfähig, da die Hinterflügel fehlen oder die Flügeldecken miteinander verwachsen sind.

Abb. 36: Die räuberischen Larven von Laufkäfern besitzen kräftige zangenförmige Mundwerkzeuge.

Sie sind vor allem in der Dämmerung und nachts aktiv und halten sich während des Tages unter Steinen oder in anderen Schlupfwinkeln verborgen. Manche Arten, wie der Goldlaufkäufer, sind tagaktiv. Sie können pro Tag bis zu zehn Raupen oder Puppen vieler schädlicher Schmetterlinge und Käfer fressen. In einem Jahr kann jeder *Carabus* mehrere hundert Nacktschnecken, Drahtwürmer, Engerlinge und Raupen vernichten.

Die meisten Carabiden halten ihre Beutetiere fest, erbrechen eine Verdauungsflüssigkeit und saugen den aufgelösten Körperinhalt der Beutetiere wieder ein.

Calosoma-Arten (Puppenräuber): Puppenräuber sind wichtige Nützlinge im Wald, sind aber auch in Gärten und im freien Feld anzutreffen.

Der Große Puppenräuber *(Calosoma sycophanta)* vermag auf Bäume und Sträucher zu klettern und nach Puppen und Larven von Schmetterlingen zu jagen (Abb. 37). Der Käfer lebt meist 2–3 Jahre und vertilgt in dieser Zeit vermutlich mehr als 1000 Raupen. Die nur 2–3 Wochen lebende Larve verzehrt in dieser Zeit mehr als 40 Beutetiere.

Der Große Puppenräuber spielt im Forst eine wichtige Rolle, wo er Raupen des Kiefernspinners, der Kieferneule, der Nonne, des Prozessionsspinners, Schwammspinners und Goldafters massenhaft verzehren kann.

Auch der Kleine Puppenräuber *(Calosoma inquisitor)* ist sehr wertvoll, denn er hat sich vor allem auf schädliche Frostspannerraupen als Beute spezialisiert.

Großer und Kleiner Puppenräuber wurden nach Amerika exportiert, um aus Europa eingeschleppte Schadschmetterlinge biologisch zu bekämpfen.

Bembidion-Arten: die 2–8 mm großen Ahlenkäfer sind im Gartenbau wichtig, da sie Fliegeneier, die in Bodennähe abgelegt sind (z. B. Eier der Kohlfliege), fressen.

Dromius-Arten (Renn- oder Rindenläufer) und *Demetrias*-Arten (Scheunenläufer) sind auch auf Bäumen und Sträuchern anzutreffen, wo sie Blattläuse und andere kleine Insekten fressen.

Abb. 37: Käfer und Larve des Großen Puppenräubers *(Calosoma sycophanta)* sind bedeutende Nützlinge, da sie auf Bäumen und Sträuchern massenhaft schädliche Schmetterlingsraupen vertilgen.

5.6.2 Kurzflügler *(Staphylinidae)*

Kurzflügler sind 1–30 mm lange Käfer. Die Familie ist sehr artenreich (mehr als 2000 Arten in Mitteleuropa).

Die Flügeldecken sind stark reduziert (Name!), der Hinterleib dadurch sehr beweglich. Meist handelt es sich um gute Flieger, die in den Abendstunden oft in großer Zahl anzutreffen sind.

Sie sind typische Räuber. Man findet sie oft auf Dung, Aas, in Komposthaufen, auf Gestrüpp und Bäumen, wo sie nach kleinen Insekten und Würmern jagen.

Arten der Gattung *Aleochara* sind Tönnchenräuber. Die Larven dringen in die Puparien von Fliegen (z. B. Kohl-, Zwiebelfliege) ein und fressen die Puppen auf, bevor sie sich selbst verpuppen. Die Käfer sind nur 2–2,5 mm lang und schwarz metallisch glänzend. Auch sie fressen Eier der Kohlfliege. Es gibt Versuche, diese räuberischen Tiere zur biologischen Bekämpfung von Kohlfliegen zu verwenden.

Die Art *Oligota flavicornis* lebt von Spinnmilben. Andere Kurzflügler sind auf Blattläuse spezialisiert oder vertilgen Borkenkäfer und deren Larven.

5.6.3 Weichkäfer *(Cantharidae)*

Weichkäfer sind schmale, 1–2 cm lange Käfer mit weichen Flügeldecken (Name!), die durch kurze flaumige Behaarung matt aussehen. Sie werden auch Schusterkäfer oder wegen ihrer bunten, uniformartigen Tracht Soldatenkäfer genannt (Abb. 38). Weichkäfer jagen Insekten und deren Larven und können dabei Blattläuse, Raupen und Blattwespenlarven verzehren.

Die Larven jagen vor allem auf oder im Boden und fressen Nacktschnecken, Bodeninsekten, Spinnentiere und verschiedene Holzzerstörer. Sie sind aber keine Nahrungsspezialisten und können auch an zarten Pflanzenteilen und Pollen fressen.

Weichkäfer sind vor allem Blütenbesucher und können oft an Doldenblüten gesehen werden, wo sie auf Beute lauern.

Der Rotgelbe Weichkäfer *(Rhagonycha fulva)* und der Gemeine Weichkäfer *(Cantharis fusca)* sind sehr häufige Arten unserer Tierwelt.

5.6.4 Leuchtkäfer *(Lampyridae)*

Zu dieser Gruppe gehören die sehr bekannten, abends leuchtenden Glühwürmchen (Johanniswürmchen). Nur die Männchen sind flugfähig. Die Weibchen haben stark reduzierte Flügel und sind larvenähnlich (daher der Name Glüh„würmchen").

Während viele erwachsene Leuchtkäfer in ihrem kurzen Leben keine Nahrung zu sich nehmen, sind ihre Larven sehr gefräßige Vertilger von Nackt- und Gehäuseschnecken und anderer Kleintiere (Abb. 39).

5.6.5 Malachiten-, Warzenkäfer *(Malachiidae)*

Die Malachitenkäfer (Abb. 40) sind sehr bunte Käfer, die sich von Pollen ernähren, aber auch Blattläuse fressen. Ihre Larven sind Fleisch fressend und scheinen vor allem Holz zerstörende Käfer zu verzehren.

5.6.6 Buntkäfer *(Cleridae)*

Buntkäfer sind, wie der Name schon sagt, sehr bunt gefärbte, oft schön gezeichnete Käfer (Abb. 41).

Sie halten sich auf Holz, gefällten Bäumen, blühenden Pflanzen, auf Aas oder getrocknetem Fleisch in Vorratsräumen auf.

Mit einigen Ausnahmen sind Buntkäfer Räuber, die als Larven und Käfer andere Insekten und deren Larven jagen.

Der Ameisenbuntkäfer *(Thanasimus formicarius)* ist als Käfer und als Larve einer der größten Feinde des Borkenkäfers und dessen Entwicklungsstadien.

Opilio-Arten jagen Holz zerstörende Insekten, wie Bock-, Pracht- oder Holzbohrkäfer (Abb. 42).

Abb. 38: Erwachsene Weichkäfer *(Cantharis sp.)* bei der Paarung. Weichkäfer sind häufig auf blühenden Wiesenpflanzen anzutreffen. Ihre Larven hingegen jagen vorwiegend am Boden.

Abb. 39: Die erwachsenen Weibchen der Leuchtkäfer besitzen keine typische Käfergestalt, sondern sind larvenähnlich. Dies führte zu dem Namen Glüh„würmchen".

Abb. 40: Erwachsener Malachitenkäfer.

Abb. 41: Der Buntkäfer *Trichodes apiarius* (Bienenwolf). Die Larven leben räuberisch in Hautflüglernestern.

Abb. 42: Die schlanken Larven der Buntkäfer jagen Holz zerstörende Insekten in ihren Fraßgängen und gelten als bedeutende Feinde dieser Schadkäfer.

5.6.7 Marienkäfer *(Coccinellidae)*

Marienkäfer sind wohl die bekanntesten aller Nützlinge. Es sind kleine (meist 1–6 mm), hochgewölbte, fast halbkugelige Käfer, die am Kopf kurze, keulig verdickte Fühler tragen. Sie sind meist bunt gefärbt, mit roten oder gelben Flügeldecken und dunklen Punkten oder dunklen Flügeldecken und hellen, farbigen Punkten oder Flecken. Es gibt aber auch dunkle, fast schwarze Marienkäfer, wie z. B. den „Kugelkäfer" *(Stethorus punctillum)* und *Scymnus*-Arten. Die Färbung ist bei manchen Arten eher stabil, bei anderen Arten eher veränderlich (*Adalia 2-punctata* u. a.). Bei dieser Art ist zum Beispiel die Variabilität in der Färbung nicht nur erblich festgelegt, sondern auch durch die Temperatur während der Puppenruhe bedingt.

Die Ausgestaltung der Färbung und Fleckung ist daher nur bedingt zur Artdiagnose verwendbar, obwohl sich viele Artnamen auf die Zahl der Punkte beziehen.

Die Weibchen legen ihre gelblichen Eier meist in kleinen Grüppchen in der Nähe ihrer Wirtskolonien ab (Abb. 43).

Die Larven der Marienkäfer sind länglich, gestreckt, zeigen kräftig ausgebildete Beine und haben kauende Mundwerkzeuge (Abb. 44). Sie leben wie die Käfer räuberisch. An der Körperoberfläche sind schwach entwickelte, Borsten tragende Warzen vorhanden. Die Grundfarbe ist grau bis dunkelblau, manche zeigen hellere oder dunklere Flecken. Sie entwickeln meist 4–5 Larvenstadien. Die Larven von *Scymnus*-Arten sind von weißen Wachsausscheidungen umgeben und könnten mit Schildläusen verwechselt werden (Abb. 51).

Abb. 43: Eier von Marienkäfern.

Abb. 44: Ein Larventypus von Marienkäfern.

Abb. 45: Die bunt gefleckten Puppen von Marienkäfern sind mit ihrem Hinterende am Untergrund festgeheftet.

Die Puppen der Marienkäfer sind Mumienpuppen und weichen damit vom Haupttypus der Käferpuppe (Freie Puppe) ab. Sie sind mit ihrem Hinterende an einer Unterlage festgeheftet und können gelblich rot oder schwärzlich und gefleckt sein (Abb. 45).

Die Überwinterung erfolgt als Käfer an geschützten Orten (unter einer Laubdecke, in Rindenspalten, in Grasbüscheln, in Gebäuden).

Die meisten Arten haben in Mitteleuropa 2 Generationen, die häufige Art *Adalia 2-punctata* nur eine.

Bei Störung lassen sich die Käfer zu Boden fallen und bleiben einige Zeit starr liegen. Zur Abschreckung von Feinden scheiden sie Tröpfchen einer orangegelben, übel riechenden Substanz aus Öffnungen an den Kniegelenken ab, die manche Feinde abschreckt. Marienkäfer werden aber von vielen Vögeln gefressen und von Hautflüglern und Zweiflüglern parasitiert.

In Mitteleuropa kommen etwa 70 Marienkäferarten vor, von denen 50 Arten von Blattläusen, 14 von Schildläusen, die anderen von Spinnmilben oder Mehltaupilzen leben. Nur drei Arten aus der Unterfamilie *Epilachninae* sind phytophag und können z. B. an Klee und Rüben fressen.

Marienkäfer, die sich vorwiegend von Blattläusen ernähren, sind z. B. *Adalia 2-punctata:* 3,5–5,7 mm, unbehaart, rot mit 2 schwarzen Punkten oder schwarz mit 4 oder höchstens 8 roten Flecken. Während die Oberseite große Farbvariationen zeigt, sind die ganze Unterseite des Körpers und die Beine schwarz (Abb. 46).

Synharmonia conglobata: 3,4–5 mm, gelblich rot oder rosa mit acht schwarzen eckigen Flecken.

Coccinella 10-punctata (Zehnpunkt): 3,5–5,5 mm, unbehaart. Deckflügel von fahlrot über braun bis schwarz. Meist 10 schwarze Flecken. Unterseite schwarz mit 2 hellen Flecken. Braune Beine.

Propylaea 14-punctata (Vierzehnpunktmarienkäfer): 3,5–4,5 mm, gelb mit 14 schwarzen, schachbrettartig angeordneten Flecken, die oft so groß sind, dass sie die Flügeldecken schwarz färben; oder schwarz mit gelben Flecken (Abb. 47).

Calvia 14-guttata (Vierzehnfleckmarienkäfer): 4,5–6 mm, rötlich gelb bis braungelb mit 14 weißgelben, gelegentlich dunkel umrandeten Flecken, die mehr oder weniger ineinander überfließen (Abb. 48).

Coccinella 7-punctata (Siebenpunkt): 5,5–8 mm, der bekannteste Marienkäfer. Farbvarianten kommen seltener vor (Abb. 49).

Scymnus- und *Pullus*-Arten: 2–3 mm, schwarz oder schwarz mit Flecken. Die Larven von Scymnus sind von langen weißen Wachsfäden bedeckt (Abb. 51).

Blattlaus fressende Marienkäfer können hohe Fraßleistungen aufweisen: der Siebenpunkt *(Coccinella 7-punctata)* frisst durchschnittlich 150 Blattläuse pro Tag, der kleinere Zweipunkt *(Adalia bipunctata)* bis zu 60, der Zehnpunkt etwa 30 und die kleinen Scymnus 8 Blattläuse pro Tag. Eine Larve des Siebenpunktes verzehrt in ihrem Larvenleben 800 Blattläuse, manche erwachsene Marienkäfer bis zu 4000.

Abb. 46: Erwachsener Käfer von *Adalia 2-punctata*.

Abb. 47: Erwachsener Vierzehnpunkt-Marienkäfer.

Abb. 48: Erwachsener Vierzehnfleck-Marienkäfer.

Abb. 49: Erwachsener Siebenpunkt-Marienkäfer.

Abb. 50: Erwachsener 22-Punkt-Marienkäfer.

Abb. 51: Marienkäferlarven *(Scymnus sp.)* in einer Blattlauskolonie. Die Larven sind von weißen Wachsfäden bedeckt und könnten mit Schmierläusen verwechselt werden.

Abb. 52: Erwachsene *Exochomus 4-pustulatus* auf Zweigen mit Schildlausbefall.

Nat. Größe 3–5 mm   Nat. Größe 6 mm   Nat. Größe 5 mm

Abb. 53: Käfer, Larve und Puppe von *Exochomus 4-pustulatus.*

Abb. 54: Der winzige „Kugelkäfer“ wird an der feinen Behaarung der Flügeldecken (Lupe verwenden!) erkannt.

Abb. 55: Larve eines „Kugelkäfers“ in einer Spinnmilbenkolonie (rote Spinnmilbeneier).

Marienkäfer, die sich vorwiegend von Schildläusen ernähren, sind z. B. *Exochomus 4-pustulatus* (Abb. 52, 53), *Chiloporus 2-pustulatus* und *Chiloporus renipustulatus* sowie *Chilochorus nigritus* und *Lindorus ophantae* (siehe Kap. VII).

Marienkäfer, der sich von Spinnmilben ernährt: *Stethorus punctillum* („Kugelkäfer"). Er ist ein sehr kleiner (1,3–1,5 mm), dunkler Marienkäfer, der fein behaarte Flügeldecken aufweist und dadurch von winzigen Marienkäfern anderer Familien unterschieden werden kann (Abb. 54). Die Fühler und Beine sind gelblich. Die kleinen weißlichen Eier finden sich einzeln in der Nähe von Spinnmilbenkolonien. Die kleinen, länglichen, unbehaarten Larven sind dunkelbraun mit schwarzen beborsteten Wärzchen und schmutzigweißer wachsartiger Substanz bedeckt (Abb. 55).

Diese sehr kleinen Marienkäfer sind besonders aktive Vertilger von Spinnmilben. Gemeinsam mit Raubmilben sind sie bei der Niederhaltung von Populationen der Obstbaumspinnmilben (Rote Spinne) in Obstkulturen von sehr großer Bedeutung.

Marienkäfer, die sich von Mehltaupilzen ernähren:
Thea 22-punctata (22-Punkt-Marienkäfer): 3–4,5 mm, intensiv gelbe Flügel mit 22 oder weniger Punkten. Sowohl Käfer als auch Larven fressen Mehltaupilze (Abb. 50).

Marienkäfer und ihre Larven haben in landwirtschaftlichen Kulturen große Bedeutung als biologische Begrenzungsfaktoren von Blatt- und Schildläusen.

Ihre nützliche Wirkung ist aber von ihrer Populationsdichte und jener der Blattläuse sowie dem Wetter abhängig. Sind viele Blattläuse vorhanden, so leben die weiblichen Marienkäfer länger und legen auch mehr Eier ab. Mit höheren Temperaturen steigt die Fressrate.

In „Blattlausjahren" mit massenhaftem Blattlausauftreten reicht aber die vorhandene Marienkäferpopulation meist nicht aus, um sofort die Schädlinge niederhalten zu können. Erst mit zeitlicher Verzögerung kommt es zu einer nachträglichen starken Vermehrung von Marienkäfern.

Marienkäfer sind als gut fliegende Insekten Säuberungsräuber, die auf der Suche nach Beute natürlich zwischen verschiedenen landwirtschaftlichen Kulturen wechseln. Der Schutz und die Förderung von Marienkäfern soll daher nicht isoliert in Einzelkulturen, sondern flächendeckend erfolgen.

5.7 ZWEIFLÜGLER *(DIPTERA)*

Bei Vertretern dieser Insektenordnung sind nur die Vorderflügel als Flugapparate ausgebildet (Name!). Das hintere Flügelpaar ist zu winzigen Schwingkölbchen umgewandelt, die als Gleichgewichtsorgane dienen.

Zweiflügler sind eine sehr große Insektenordnung. Sie umfassen etwa 85.000 Arten, davon 7000–8000 in Mitteleuropa.

Die Zweiflügler werden in 3 Unterordnungen unterteilt: *Brachycera, Cyclorrapha* (Fliegen) und *Nematocera* (Mücken).

Fliegen und Mücken sind an den Fühlern leicht zu unterscheiden. Fliegen besitzen kurze, gedrungene, dreigliedrige Fühler, Mücken hingegen lange, vielgliedrige.

Die Larven sind fußlos (Maden), die Mundwerkzeuge auf einen Mundhaken zurückgebildet. Bei den Fliegenlarven ist im Gegensatz zu den Mückenlarven keine Kopfkapsel sichtbar.

Die Puppen der Fliegen aus der Unterordnung *Cyclorrapha* sind tönnchenförmig und meist braun gefärbt. Mücken und Fliegen aus der Unterordnung der *Brachycera* verpuppen sich als *Pupa obtecta* (Mumienpuppe), sodass Fühler, Beine und Flügelscheiden deutlich sichtbar sind. Bei einigen Arten werden Puppenkammern und Kokons angelegt.

Zweiflügler sind also Insekten mit vollkommener Verwandlung.

Von den mehr als 100 Dipterenfamilien sind nur wenige landwirtschaftlich bedeutend.

Natürliche Gegenspieler landwirtschaftlicher Schädlinge sind vor allem in den Familien der Gallmücken, Schwebfliegen, Blattlausfliegen, Raupenfliegen und Raubfliegen beheimatet.

5.7.1 Gallmücken *(Cecidomyiidae)*

Vertreter dieser Familie sind überwiegend als Pflanzenschädlinge bekannt, die Gallen, Missbildungen, Wachstumshemmungen oder andere schwere Schäden an Pflanzen verursachen.

Einige Arten aus dieser Familie sind aber Nützlinge, die Blattläuse oder Pflanzen schädigende Milben vertilgen können.

Die gegenüber Blattläusen wirksame und sehr häufig natürlich auftretende *Aphidoletes aphidimyza* ist ein bedeutender Bestandteil der biologischen Blattlausbekämpfung in Gewächshauskulturen, da sie auch problemlos in größeren Mengen gezüchtet werden kann (Abb. 111, 112, Kap. VII).

Aussehen, Lebensweise, Zucht- und Einsatzmöglichkeit dieses Nützlings werden in Kapitel VII beschrieben.

Unter Freilandbedingungen überwintern die Larven der zweiten Generation in einem Kokon im Boden.

Einige weitere Gallmückenarten, zum Beispiel aus der Gattung *Arthrocnodax* oder *Theriodiplosis* leben räuberisch von schädlichen Milbenarten.

5.7.2 Schwebfliegen *(Syrphidae)*

Auch zu dieser Familie gehören sowohl Pflanzen schädigende (z. B. Narzissenfliege) als auch nützliche Arten. Die Larven der zahlreichen nützlichen Schwebfliegenarten zählen neben den Marienkäfern zu den bedeutendsten Blattlausfeinden.

Erwachsene Schwebfliegen sind Blütenbesucher und fallen durch ihren ruckartigen Flug auf, bei dem das Schweben an einer Stelle mit blitzartiger Fortbewegung wechselt.

Durch ihre auffallende, meist schwarz-gelb gestreifte Zeichnung am Hinterleib könnten sie mit Wespen verwechselt werden (Schutzzeichnung!). Doch sind sie leicht von diesen durch das Fehlen der Wespentaille, des zweiten Flügelpaares, durch die kurzen Fühler und vor allem durch den Schwebflug zu unterscheiden. Die oft zahlreich auftretenden Schwebfliegen dürften dank ihrer großen Augen gut sehen und Blattlauskolonien an den Blattdeformierungen im Flug erkennen. In solche Kolonien legen sie ihre länglichen, bis zu 1 mm großen, weißen Eier, die Längs- und Netzstrukturen zeigen ab (Abb. 56).

Die kopf- und beinlosen Maden können je nach Art 10 bis 20 mm lang werden und tragen am Hinterleib ein sehr typisches Atemröhrchen. Sie sind derart gefräßig, dass sie während ihrer etwa zweiwöchigen Entwicklung einige hundert (bis zu 700) Blattläuse aussaugen.

Abb. 56: Schwebfliegen legen ihre länglichen Eier einzeln in Blattlauskolonien ab.

Abb. 57: Puppen von Schwebfliegen sind an ihrer typischen Tropfenform zu erkennen.

Die im Aussehen oft recht unterschiedlichen Larven der einzelnen Schwebfliegenarten verpuppen sich entweder noch am Fraßort oder im Boden. Ihre Tönnchenpuppen sind tropfenförmig gestaltet (Abb. 57).

Die Überwinterung erfolgt je nach Art als Larve, Puppe oder weibliche Fliege. Diese bereits befruchteten Weibchen suchen nur bei sehr kalter Witterung Verstecke auf und sind daher in der Lage, durch sehr frühzeitige Eiablagen das Entstehen der ersten Blattlauskolonien zu verhindern.

Unter den zahlreichen räuberisch lebenden Schwebfliegenarten sind folgende am häufigsten und als Feinde verschiedener Blattlausarten und Blutläuse von besonderer Bedeutung im Pflanzenschutz:

Syrphus ribesii: Die Fliege ist zirka 10–12 mm lang, und weist eine hellbraune Brust mit hellerem Schildchen und einen schwarzen Hinterleib mit einer unterbrochenen und drei durchgehenden gelben Querbinden auf (Abb. 58).

Die Larve wird etwa 12 mm lang, ist glatt und dünn sowie durchscheinend blassgelb (Abb. 59).

Abb. 58: Erwachsene *Syrphus ribesii*.

Abb. 59: Larve von *Syrphus ribesii* in einer Blattlauskolonie.

Abb. 60: Erwachsene *Scaeva pyrastri*.

Abb. 61: Larve von *Scaeva pyrastri*.

Abb. 62: Erwachsene *Metasyrphus luniger*.

Abb. 63: Erwachsene *Episyrphus balteatus*.

Abb. 64: Larve von *Episyrphus balteatus*.

Es entwickeln sich jährlich mehrere Generationen. Die erwachsenen Fliegen sind von April bis in den Herbst zu finden. Die Larve überwintert.

Scaeva pyrastri: Die Fliege ist mit 12–14 mm Länge etwas größer als die vorige Art. Die Brust ist blauschwarz und glänzend, der ebenfalls schwarze Hinterleib mit drei Paar gelben Mondflecken versehen (Abb. 60).

Die Larve ist dünn und wird 20 mm lang. Sie ist intensiv grün, trägt in der Rückenmitte einen länglichen weißen Streifen, je eine schmale weiße Seitenlinie und ist mit braunen Dörnchen bedeckt (Abb. 61).

Die Art hat mehrere Generationen pro Jahr. Da die erwachsenen Weibchen überwintern, sind die Fliegen das ganze Jahr anzutreffen.

Metasyrphus luniger: Die Fliege ist mit 9 mm etwas kleiner, besitzt eine grün-schwarz glänzende Brust und einen schwarzbraunen Hinterleib mit drei breiten, unterbrochenen Querbinden (Abb. 62).

Die graubraune Larve wird bis zu 10 mm lang und zeigt am Rücken in der Längsrichtung helle und dunkle Zeichnungen sowie deutlich Querreihen von Borsten.

Mehrere Generationen pro Jahr. Da die Überwinterung als Larve oder als Puppe erfolgt, sind die Fliegen von April bis in den Spätherbst sichtbar.

Episyrphus balteatus: eine der in unseren Breiten häufigsten Arten.

Die 10 mm lange Fliege besitzt eine schwarze Brust mit gelbbraunem Schildchen. Der gelbe Hinterleib ist mit unregelmäßigen, breiten und schmalen schwarzen Querbändern versehen (Abb. 63).

Die Larve wird bis zu 11 mm lang, im durchsichtigen Körper sind deutlich die weißlich und schwarzen Eingeweide sowie die Malpighischen Gefäße (Exkretionsorgan) als seitliche rote Fasern zu sehen (Abb. 64).

Da die Art mehrere Generationen pro Jahr ausbildet und die weiblichen Fliegen überwintern, können diese Fliegen das ganze Jahr über angetroffen werden.

5.7.3 Blattlausfliegen *(Chamaemyiidae)*

Die in Mitteleuropa nur in geringer Artenzahl vorkommenden Mitglieder dieser Fliegenfamilie gehören überwiegend der Gattung *Leucopis* an.

Die einander sehr ähnlichen, grauen Fliegenarten sind an dem in typischer Weise verdickten dritten Fühlerglied zu erkennen.

Die Larven sind denen der Schwebfliegen ähnlich, jedoch mit 3–4 mm Länge deutlich kleiner und besitzen am Hinterleibsende zwei Atemröhrchen (Schwebfliegen besitzen nur 1 Atemröhrchen!). Die räuberischen Larven leben vor allem von Blattläusen und Jugendstadien einiger Schildläuse.

5.7.4 Raupenfliegen (Tachinidae)

Die den Stubenfliegen ähnlichen, mittelgroßen Fliegen (Abb. 65) sind als Endoparasiten sehr wirksame natürliche Gegenspieler von Schmetterlingsraupen und Larven anderer Insekten.

Die mehreren hundert Arten dieser Familie fallen durch ihre starke Beborstung auf. Diese starke Beborstung und eine quer verlaufende Trennnaht auf der Brust sind ein Hinweis auf Raupenfliegen.

Die Fliegen leben von Honigtau und Blütennektar. Sie legen ihre Eier entweder in den Wirt oder in seine unmittelbare Nähe. In letzterem Falle muss das Ei mit der Nahrung aufgenommen werden, oder die frisch geschlüpfte Larve bohrt sich in ihr Wirtstier ein.

Ist die madenförmige Larve voll entwickelt, bildet sie innerhalb oder außerhalb des Wirtes ein tönnchenförmiges Puparium aus. Das Wirtstier geht in der Folge zugrunde (Abb. 66). Einige Fliegenarten sind hoch spezialisiert, andere haben einen großen Wirtskreis.

Einige sehr polyphage Arten mit ihren wichtigsten Wirtstieren sind:

- *Compsilura concinnata:* sehr polyphag, meist auf größere Wirte wie Goldafter, Nonne, Schwammspinner, Eulen u. a. spezialisiert.
- *Blondelia nigripes:* Eulen, Spanner, Spinner u. a.
- *Nemorilla floralis:* Wickler, Gespinstmotten und andere Kleinschmetterlinge
- *Phryxe sp.*: Eulen, Spanner, Spinner, Bären, Glucken u. a.
- *Pseudoperichaeta insidiosa:* Wickler, Zünsler
- *Eumea sp.*: Wickler, Zünsler, Eulen
- *Pales pavida:* Eulen und Spinner
- *Elodia tragica:* verschiedene Wicklerarten

Streng an bestimmte Wirtsarten angepasst sind Arten wie:

- *Carcelia laxifrons:* Goldafter
- *Alsomyia nidicola:* Goldafter
- *Cyzenis albicans:* Kleiner Frostspanner

Abb. 65: Erwachsene Raupenfliege.

Abb. 66: Beginnende Verpuppung einer Raupenfliege (helle Tönnchenpuppe), nach dem Ausschlüpfen aus der parasitierten Kohleulenpuppe (groß, braun).

Abb. 67: Raubfliege mit Beute.

5.7.5 Raubfliegen *(Asilidae)*

Raubfliegen sind sehr borstige, auffallende Fliegen, die ihre Beute meist im Fluge jagen, indem sie diese mit ihren stark beborsteten Beinpaaren ergreifen. Die Opfer werden mit dem Rüssel durchbohrt und vollständig ausgesaugt. Ein für diese Familie typisches Büschel aus kräftigen Haaren schützt wie ein Bart die Augen vor zappelnden Beutetieren (Abb. 67).

Ihre Beutetiere sind vorwiegend Zweiflügler und Hautflügler, aber auch Käfer, Wanzen, Zikaden und Libellen.

5.8 HAUTFLÜGLER *(HYMENOPTERA)*

Die Ordnung der Hautflügler ist mit weltweit über 100.000 Arten die umfangreichste Ordnung der Insekten. In Mitteleuropa machen die über 11.000 Hautflüglerarten etwa 25% der hier vorkommenden Tierarten aus.

Zu den Hautflüglern gehören neben schädlichen Arten auch viele Nützlinge und nutzbare Tiere. Wohl jedem bekannt sind die Bienen und Hummeln als wichtige Blütenbestäuber, die Honigbiene als Lieferant von Honig und Wachs und die Ameisen.

In Hinblick auf die große Artenzahl wundert es nicht, dass die Hautflügler stark in Größe, Gestalt und Aussehen variieren. Die Ordnung umfasst extrem kleine (0,2 mm; Erzwespen) bis sehr große Arten (50 mm; die größte einheimische Art ist mit 35 mm die Hornisse).

Das wichtigste Erkennungsmerkmal der Hautflügler sind 4 häutig-durchsichtige Flügel, die in Ruhestellung über dem Körper liegen. Die Flügel zeigen bei den meisten Gruppen ein hoch spezialisiertes Geäder. Nur bei Erzwespen und verwandten Familien ist es stark vereinfacht, wodurch diese wichtigen Nützlingsfamilien leicht erkannt werden können.

Das vordere Flügelpaar ist meist beträchtlich größer als das hintere. Die Flügelpaare sind beim Flug über eine Häkchenreihe an der Vorderkante der Hinterflügel miteinander verbunden.

Hautflügler werden aufgrund der verschiedenen Ausbildung der Verbindung zwischen Brust und Hinterleib in 2 Unterordnungen eingeteilt. In die

S y m p h y t a (Pflanzenwespen oder Sägewespen), deren Brust und Hinterleib breit miteinander verbunden ist, und in die

A p o c r i t a (Lege- und Stechwespen), die hinter dem Brustbereich eine deutliche Einschnürung zwischen erstem und zweitem Hinterleibssegment („Wespentaille") aufweisen. Das erste Hinterleibssegment ist in den Brustabschnitt einbezogen.

Zu den Symphyta gehören eine Reihe bekannter Schädlinge, wie z. B. Apfel- und Pflaumensägewespen, Kirsch- und Stachelbeerblattwespe im Obstbau, Buschhornblattwespen in der Forstwirtschaft, Getreidehalmwespe und Rübenblattwespe im Feldbau.

Zu den Apocrita zählen neben Schädlingen zahlreiche nützliche und nutzbare Arten. Die Apocrita werden nach der Ausbildung ihres Legeapparates zu einem Legestachel oder zu einem Wehrstachel unterteilt in

Legewespen *(Terebrantes)*
  Schlupfwespen *(Ichneumonoidea)*
  Echte Schlupfwespen *(Ichneumonidae)*
  Brackwespen *(Braconidae)*
  Blattlauswespen *(Aphidiidae)*
  Gallwespen *(Cynipidae)*; sie verursachen Pflanzengallen
  Erz-oder Zehrwespen *(Chalcidoidea)*
    Trichogrammatidae
    Pteromalidae
    und weitere 11–12 Familien in Mitteleuropa

Stechwespen *(Aculeata)* mit
  Ameisen *(Formicidae)*
  Bienen *(Apidae)*
  Goldwespen, Grabwespen, Wegwespen, Faltenwespen

Aus der Sicht des Pflanzenschutzes sind vor allem die Schlupf- und Zehrwespen sowie manche Ameisen interessant.

Besonders Schlupf- und Zehrwespen spielen eine sehr wichtige Rolle bei der Aufrechterhaltung eines natürlichen Gleichgewichtes. Sie sind oft wesentliche Faktoren, die zum Zusammenbrechen der Massenvermehrung von Schadinsekten führen.

5.8.1 Echte Schlupfwespen *(Ichneumonidae)*

Schlupfwespen sind mittelgroße, schlanke, meist lebhaft gefärbte Insekten mit spindelförmigem, abgeflachtem oder seitlich zusammengedrücktem Hinterleib. Die Weibchen tragen einen Legebohrer, der winzig bis sehr groß (weit über die Körperlänge) sein kann. Schlupfwespen können im Freiland an ihren zitternden und „trillernden" langen, schnurförmigen, nicht geknieten Fühlern erkannt werden. Auch das typische dunkle Flügelmal (Pterostigma) am Vorderflügel ist leicht mit freiem Auge sichtbar.

Die erwachsenen Tiere findet man oft in bunten Dolden, wo sie Nektar lecken. Sie nehmen auch Pflanzensäfte und Honigtau von Blattläusen zu sich.

Über Aussehen und Verhalten von Schlupfwespen kann man sich oft sehr einfach informieren, da sie häufig in Häusern an der Innenseite von Fensterscheiben zu finden sind.

Sie erscheinen schon zeitig im Frühjahr und stechen Eier, Larven, Puppen und Vollinsekten verschiedener Insektenordnungen oder auch Tausendfüßler und Spinnen mit ihrem Legeapparat an und belegen sie mit einem, seltener auch mit mehreren Eiern. Wenige Schlupfwespenarten legen die Eier nur am Wirtskörper ab und erst die Larven bohren sich in den Wirt oder fressen von außen an ihm. Schlupfwespen parasitieren bevorzugt Schmetterlingsraupen, sind aber u. a. auch in Larven von Blattwespen, Fliegen und Käfern zu finden. Zweck der Parasitierung ist die Brutfürsorge.

Aus dem Ei schlüpfen die fußlosen Larven, die sich von den Körpersäften und Geweben des Wirtstieres ernähren. Sie schädigen zuerst die nicht lebenswichtigen Organe des Wirtes und dessen Reservestoffe, wodurch die parasitierten Wirtslarven zunächst kleiner sind und sich träger fortbewegen als nicht parasitierte. Während sich gesunde Larven oft verbergen, sitzen parasitierte häufig frei auf Blättern.

Gegen Ende ihrer Entwicklung greifen die Larven der Schlupfwespen auch die lebenswichtigen Organe ihres Wirtes an und töten ihn dadurch.

Die Verpuppung erfolgt bei manchen Arten innerhalb des Wirtstieres (vor allem bei Ei- und Puppenparasiten), häufiger aber brechen die reifen Larven aus dem Körper des Wirtes. Sie verpuppen sich am oder in unmittelbarer Nähe des Wirtes in einem länglichen oder kugeligen Kokon.

Die Überwinterung erfolgt bei den meisten Arten als begattete Weibchen, die sich in Verstecke (Moos, lockere Rinde, Grasbüschel) zurückziehen. Andere Schlupfwespen überwintern in ihren Wirtslarven oder -puppen.

Insekten sind gegen Schlupfwespen kaum geschützt, da selbst die in dichten zähen Gespinsten lebenden Raupen des Goldafters, Gespinstmotten und in Holz verborgene Larven parasitiert werden.

Die Große Schlupfwespe *Rhyssa persuasoria L.* kann tief im Holz fressende Holzwespenlarven aufspüren, hierauf mit ihrem bis zu 5 cm lang werdenden Legebohrer das Holz oberhalb der Raupe durchbohren und ein Ei in diese ablegen (Abb. 68).

Die Schlupfwespe *Idechthis canescens Graev.* vermag in Mühlen und Getreidespeichern gefährliche Vorratsschädlinge, wie Mehl-, Dörrobst-, Korn- und Wachsmotte zu parasitieren (Abb. 69).

Zahlreiche Schlupfwespenarten sind als Parasiten von Schädlingen aus dem Obst- und Weinbau beschrieben worden, doch kann auf sie hier nicht näher eingegangen werden.

5.8.2 Brackwespen (Raupenwespen, *Braconidae*)

Die Brackwespen sind im Ausehen den echten Schlupfwespen ähnlich.

Sie sind 1–10 mm groß, unauffällig meist schwarz, braun oder braungelb gefärbt und tragen fadenförmige Fühler, die länger als der Körper sein können. Die typische Flügeladerung ist in Abb. 70 dargestellt.

Nat.
Größe
18–35 mm
(ohne Legebohrer)

Abb. 68: Die Große Schlupfwespe kann in Holz lebende Insektenlarven aufspüren, das Holz durchbohren und ihre Eier in die Larven ablegen.

Abb. 69: Weibchen der Mehlmotten-Schlupfwespe *(Idechthis canescens Graev.)* bei der Parasitierung.

Abb. 70: Die Raupenwespe *Apanteles glomeratus* und ihre Wirtsraupe (Kohlweißlingsraupe).

Ihre Lebensweise ist ähnlich der der Echten Schlupfwespen. Die Larven leben meist als Endoparasiten, seltener als Ektoparasiten an anderen Insekten. Manche Arten zeigen Polyembryonie (durch Zerteilung eines Embryos entstehen eineiige Mehrlinge).

Die Weibchen legen die Eier mithilfe des Legebohrers in das Innere eines Wirtstieres ab, seltener werden sie von außen auf dieses aufgebracht. Die schlüpfenden Larven ernähren sich vom Wirtstier und verlassen dieses nach erlangter Reife durch eine selbst gebohrte Öffnung, um sich am oder in unmittelbarer Nähe des Wirtes in einem Kokon einzuspinnen.

Brackwespen schmarotzen vorwiegend in Schmetterlingsraupen, aber auch in Käfern. Bekannt ist die Gattung *Apanteles*, deren Vertreter in Wickler- und anderen Raupen schmarotzen.

Apanteles glomeratus L., die Kohlweißlings-Raupenwespe, ist eine sehr bekannte und allgemein verbreitete Brackwespe (Abb. 70). Die aus den befallenen Kohlweißlingsraupen ausbrechenden Larven verpuppen sich in unmittelbarer Nähe der verendeten Raupen in gelbseidigen, roggen-korngroßen Kokons, die fälschlich als „Raupeneier" bezeichnet werden. Sie sollen nicht mit Eiern schädlicher Schmetterlinge verwechselt und aus Unkenntnis vernichtet werden!

Ascogaster quadridentatus ist ein wirksamer Parasit des Apfelwicklers (Abb. 71).

Die Raupenwespen werden aber selbst oft Opfer von Hyperparasiten aus der Gruppe der Echten Schlupfwespen oder Erzwespen. Hyperparasiten oder Parasiten 2. Grades bzw. Sekundärparasiten sind an Parasiten parasitierende Lebewesen.

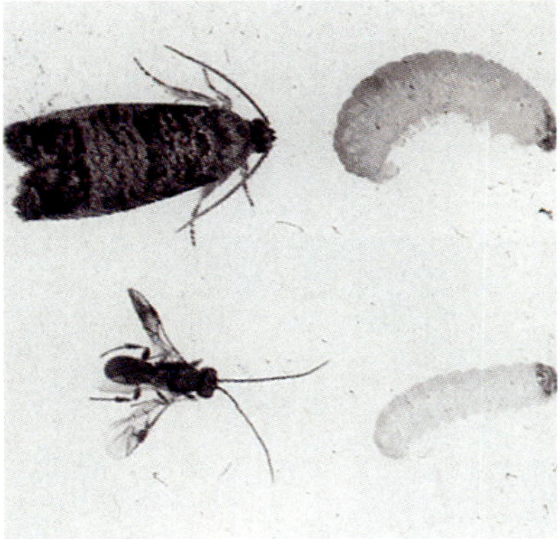

Abb. 71: Apfelwickler und seine Raupe (oben), *A. quadridentatus* und parasitierte Apfelwicklerraupe.

Abb. 72: Junglarve von *Ascogaster quadridentatus* (gefärbt) im Gewebe einer Apfelwicklerlarve (mikroskopisches Präparat).

5.8.3 Blattlauswespen *(Aphidiidae)*

Blattlauswespen sind kleine, meist 2–4 mm große, dunkel gefärbte Hautflügler mit gestieltem Hinterleib, der länger als Kopf und Brust ist und leicht nach unten gebogen werden kann (Abb. 73). Die Larven sind klein, wurmartig und leben im Inneren von Blattläusen. Alle Aphidiiden schmarotzen auf Blattläusen, meist ist eine Art auch auf einen bestimmten Wirt spezialisiert. Die Blattlaus wird angestochen und mit einem Ei belegt. Die daraus schlüpfende winzige Larve (Abb. 75) lebt im Inneren der Blattlaus und verpuppt sich meist auch dort. Der Körper befallener Blattläuse ist blasig aufgetrieben und zeigt in der Regel eine veränderte Färbung (gelb bis schwarz), wodurch parasitierte Blattläuse leicht zu erkennen sind. *Aphidius*-Arten kleben den Körper der toten Blattlaus auf der Unterlage fest, bevor sie sich in oder unter ihm verpuppen. Die Hüllen parasitierter Blattläuse mit dem Schlüpfloch der Wespe verbleiben daher auf Pflanzen einige Zeit beobachtbar. Larven der Gattung *Praon* spinnen zur Verpuppung ein kegelförmiges Puppenlager unter dem Wirtstier (Abb. 74).

Blattlauswespen sind sehr effektive Feinde von Blattläusen, da sie ihre Eier unbehindert von Ameisen, die Blattläuse melken und beschützen, in die Blattläuse ablegen können. Durch Parasitierung der aus den Wintereiern schlüpfenden Blattläuse können frühzeitig Koloniebildungen dieser Schädlinge verhindert werden.

So wie Brackwespen können auch Blattlauswespen Opfer von Hyperparasiten werden.

Abb. 73: Die erwachsene Blattlauswespe *(Aphidius sp.)* biegt zum Anstechen der Wirte ihren beweglichen Hinterleib durch das letzte Beinpaar.

Abb. 74: Puppenlager der Blattlauswespe *Praon sp.* unterhalb der von ihr parasitierten Blattlaus.

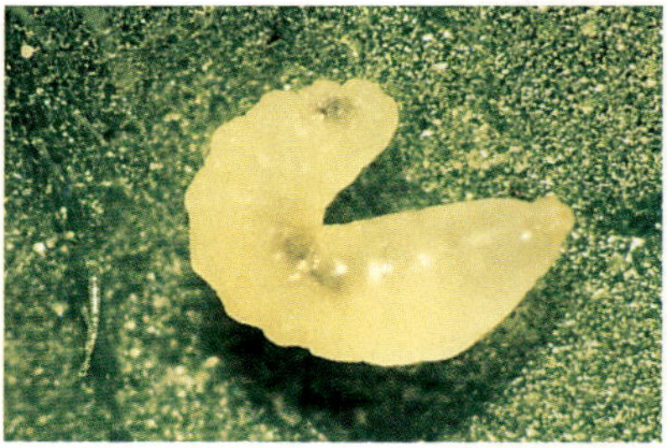

Abb. 75: Larve der Blattlauswespe *Praon sp.*

5.8.4 Erzwespen *(Chalcidoidea)*

Erzwespen bilden die artenreichste Gruppe der Hautflügler (etwa 2000 Arten in Mitteleuropa). Es sind sehr kleine, unauffällige Tiere (meist 1–3 mm), die den Namen „Erzwespe“ ihrer vorwiegend metallisch glänzenden, meist tiefschwarzen, tiefblauen oder dunkelgrünen Färbung des Körpers verdanken. Sie sind überall zu finden und können, wie Echte Schlupfwespen, an Fensterscheiben oft gesehen werden.

Der Kopf trägt große Augen und gekniete Fühler, mit denen sie die Umgebung betrillern.

Die zarten Flügel können perlmutterartig irisieren und sind fast aderlos. Einige Arten tragen am Flügelrand Wimperhaare. Sie sind schlechte Flieger und werden oft durch Wind verfrachtet. Sie kriechen gerne und können auch springende Bewegungen ausführen.

Die erwachsenen Tiere ernähren sich meist von Pflanzensäften oder Nektar.

Die meisten Erzwespen sind Parasiten (Abb. 76, 77) oder Hyperparasiten. Wenige Arten sind phytophag und ernähren sich von Samen oder rufen Pflanzengallen hervor. Sie parasitieren Insekten und Spinnen.

Hohe Vermehrungsraten (z. B. mehrfache Generationenzahl, Polyembryonie) machen sie zu effektiven Nützlingen.

Von den 13–14 in Mitteleuropa vorkommenden Familien können nur einige erwähnt werden.

Abb. 76: Schildläuse werden häufig von Erzwespen parasitiert (Zwetschkenschildlaus).

Abb. 77: Von Erzwespenlarven *(Pteromalidae)* parasitierte Raupe einer Kohleule.

Abb. 78: *Trichogramma*-Weibchen parasitiert ein Schmetterlingsei.

Abb. 79: Gezüchtete Trichogrammen können mit verschiedenen Verteilern ausgebracht werden.

Myrmaridae: sind Eiparasiten. Sie sollen nur genannt werden, weil zu ihnen die kleinsten Insekten der Welt gehören (0,2 mm! groß)

Trichogrammatidae: sie sind winzige (0,5 mm) Eiparasiten, die in der biologischen Schädlingsbekämpfung gegen Schadschmetterlinge eingesetzt werden. Sie lassen sich in großen Mengen in Eiern der Kornmotte *(Sitotroga cerealella)* oder der Mehlmotte *(Ephestia kühniella)* züchten. Verschiedene *Trichogramma*-Arten wie z. B. *T. maidis* können käuflich erworben werden und gelangten in Europa wie auch weltweit bereits erfolgreich zur Maiszünslerbekämpfung zum Einsatz (Abb. 78, 79).

Pteromalidae: kleine, meist metallisch grüne Erzwespen. Manche Arten mit großem Wirtskreis. *Pteromalus puparum* parasitiert Raupen von Großschmetterlingen und wurde zur biologischen Bekämpfung von Weißlingen *(Pieridae)* von Europa nach Neuseeland exportiert.

Encyrtidae: 1–2 mm lange, bunte oder metallisch gefärbte Erzwespen, die oft Schildlausparasiten sind. *Encyrtus fuscicollis* befällt selektiv Gespinstmotten.

Eulophidae: kleine bis mittelgroße, metallisch glänzende Arten, die Ei-, Ekto-, Endo- und Hyperparasiten umfassen. Hierher gehören wichtige Feinde des Apfelschalenwicklers, der Schlangenminiermotte und der Apfelminiermotte.

Aphelinidae: alle Arten sind kleiner als 1 mm und ausnahmsweise nicht metallisch glänzend.
Zu dieser Familie gehören wichtige Nützlinge landwirtschaftlich bedeutender Schädlinge.

Eine sehr bekannte Art ist die 0,7–0,9 mm große Blutlauszehrwespe *(Aphelinus mali)*, die dazu beigetragen hat, dass die Blutlaus *(Eriosoma lanigerum)*, die in früheren Jahren große Schäden an Apfelbäumen verursachte, viel von ihrer Gefährlichkeit verloren hat (Abb. 80 a, b). Die Blutlaus war gegen Ende des 18. Jahrhunderts von Nordamerika nach Europa eingeschleppt worden und breitete sich relativ ungehemmt aus. Ihr natürlicher Feind in Nordamerika, die Blutlauszehrwespe, wurde daher ab 1920 nach Europa gebracht und erfolgreich eingebürgert.
Die Zehrwespe legt ihre Eier bevorzugt in erwachsene Blutläuse. Ihre Larven fressen die Blutläuse aus, verpuppen sich in ihnen und verlassen die Hüllen durch ein Loch als erwachsene Tiere. Parasitierte Blutläuse scheiden kein Wachs mehr ab und erscheinen daher schwarz. Die Ausschlupflöcher sind leicht zu sehen und ihre Zahl gibt einen groben Hinweis auf den Parasitierungsgrad (Abb. 81). *A. mali* entwickelt 5–8 Generationen pro Jahr. Sie überwintert als Larve in mumifizierten Blutläusen.
Blutlauszehrwespen sind gegenüber Insektiziden empfindlich und bedürfen nützlingsschonender Pflanzenschutzmittel, um sich in Erwerbsobstanlagen halten zu können.

a)

b)

Abb. 80 a: Erwachsene Blutlauszehrwespe. Natürliche Größe zirka 2 mm; b: abgetötete Blutlaus mit Ausflugloch der Zehrwespe.

Abb. 81: Stark parasitierte Blutlauskolonie.

Ein weiteres Beispiel für die erfolgreiche Einbürgerung eines Schmarotzers bieten die Freilassungsaktionen der aus Nordamerika stammenden Zehrwespe *Prospaltella perniciosi*, die zur biologischen Bekämpfung der kurz vorher eingewanderten, gefährlichen San-José-Schildlaus *(Quadraspidiotus perniciosus)* eingesetzt wurde (Abb. 82 a, b, c). Von 1954–1974 wurden zum Beispiel in mit San-José-Schildlaus befallenen Gebieten Baden-Württembergs mehr als 27 Millionen Individuen dieser Zehrwesen ausgesetzt. Auch in Österreich erfolgten Aussetzungsaktionen.

Aber auch einheimische Zehrwespen sind wirksame Schildlausfeinde, wie zum Beispiel die Arten *Aphytis diaspidis* und *Chiloneurinus microphagus* (Abb. 83 a, b, c)

Durch den Einsatz der Zehrwespe *Encarsia formosa*, die an Weißen Fliegen (die Mottenschildlaus *Trialeurodes vaporariorum*) erfolgreich parasitiert, konnten in der letzten Zeit große Fortschritte in der biologischen Bekämpfung in Gewächshäusern gemacht werden (siehe dazu Kap. VII).

a)

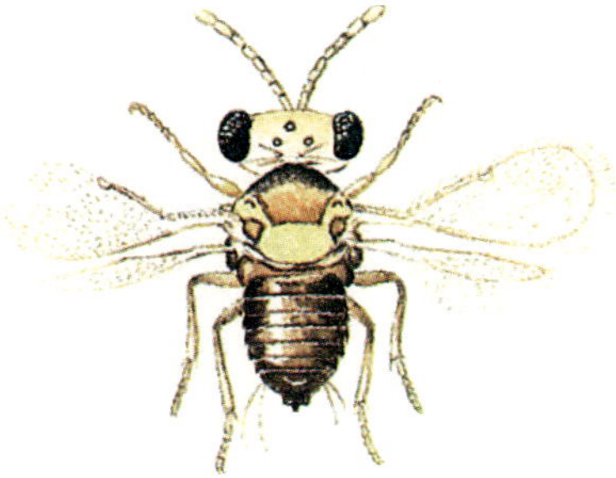

b)

c)

Abb. 82 a: Erwachsene San-José-Schildlaus-Zehrwespe *Prospaltella perniciosi*;
b: *P. perniciosi* bei der Eiablage in eine San-José-Schildlaus;
c: *P. perniciosi* in einer Schildlaus (mikroskopische Aufnahme).

a)

b) 5.

4.

c)

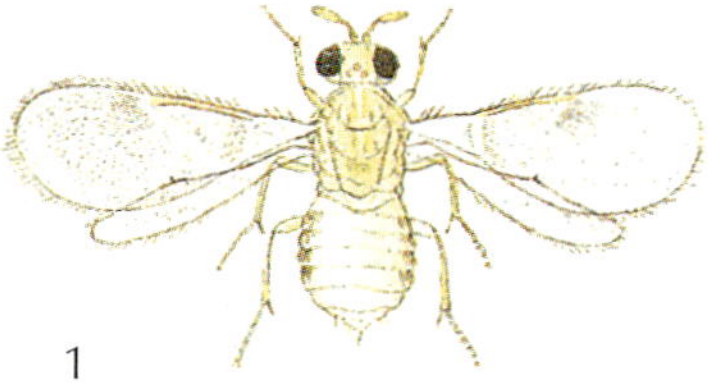

1

c)

2

Abb. 83 a: Von San-José-Schildläusen befallener Apfelzweig;
b: Schlupflöcher der Zehrwespen in den Schilddeckeln der San-José-Schildlaus;
c: 1. *Aphytis diaspidis*;
2. *Apterencyrtus microphagus*.

5.8.5 Stechwespen *(Aculeata)*

5.8.5.1 Ameisen

Ameisen sind jedem Menschen gut bekannte Staaten bildende Insekten. Vielfach werden sie nicht gerne gesehen, wenn sie in Massen in Wohnungen einwandern oder bei der Anlage ihrer Nester und Gänge Gras oder andere Pflanzen unterminieren.

Unter den Ameisen gibt es räuberische und Pflanzen fressende Arten sowie Allesfresser. Der Honigtau der Blattläuse, die sie melken und beschützen, stellt eine wichtige Nahrungsquelle für Ameisen dar.

Einige räuberische Ameisenarten sind im Forst sehr geschätzt. Dies gilt vor allem für die

5.8.5.1.1 Rote Waldameise *(Formica rufa L.)*,

die an lichten Stellen des Waldes und an Waldrändern gewaltige Nester mit einem Umfang von 10 Meter, einer Tiefe von 2 m und einer Höhe von 2 m errichten kann, die von unzähligen Ameisen bewohnt werden (Abb. 84). Abgesehen vom Honigtau der Blattläuse lebt die Rote Waldameise von Insekten, die sie unermüdlich von den Bäumen und Pflanzen holt, um damit das Volk zu versorgen. Man hat berechnet, dass die Bewohner eines einzigen Nestes an einem Tag ungefähr 100.000 Insekten, darunter natürlich viele Schädlinge, vertilgen können!

Die Ameisen tragen zur Aufrechterhaltung des biologischen Gleichgewichtes im Wald wesentlich bei. Sie vermögen Schädlingskalamitäten zwar nicht zu verhindern, doch ist ihre Wirkung auf die Schädlinge deutlich sichtbar: Wenn auf großen Waldflächen Raupenfraß auftritt, heben sich Bäume, die im Bereich eines Nestes der Roten Waldameise stehen, wie grüne Inseln aus der kahl gefressenen Fläche heraus.

Nesthaufen

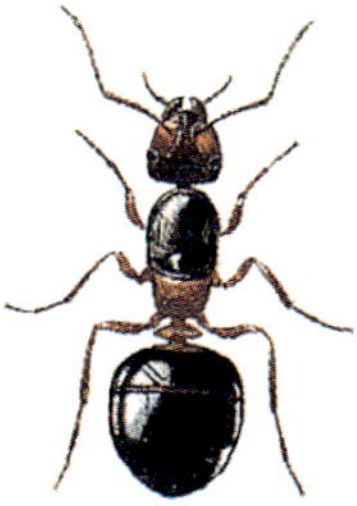

Weibchen (Königin)
Nat. Größe 9–11 mm

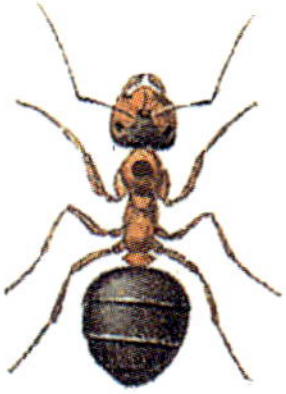

Arbeiterin
Nat. Größe 4–9 mm

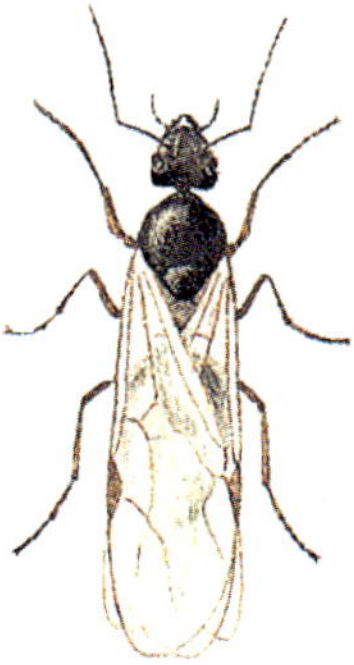

Männchen
Nat. Größe 9–11 mm

Puppenkorn

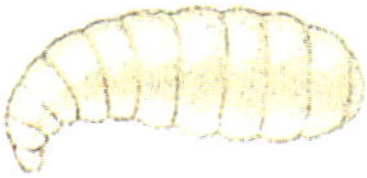

Larve

Abb. 84: Rote Waldameise *(Formica rufa)*.

6. WIRBELTIERE *(VERTEBRATA)*

Wirbeltiere stehen im oberen Bereich der Nahrungskette und spielen, besonders wenn es sich um räuberische Formen handelt, eine wichtige Rolle als Regulationsfaktoren in einer Lebensgemeinschaft. Einige Wirbeltiere können bei der Vertilgung von Schädlingen helfen.

Die Wirbeltiere umfassen Fische, Amphibien, Reptilien, Vögel und Säugetiere.

6.1 FISCHE *(PISCES)*

In den Tropen und Subtropen haben Moskitokärpflinge *(Gambusia-*Arten) als natürliche Feinde verschiedener Mückenlarven *(Culicidae)* große Bedeutung, da dadurch gefährliche Überträger von Malaria, Gelbfieber und anderen Seuchen vernichtet werden.

Vor dem Aufkommen moderner Insektizide wurden diese Fische in verseuchten Gebieten der meisten Kontinente ausgesetzt.

Als moderne Insektizide zur Verfügung standen, kamen diese zur Mückenbekämpfung zum Einsatz und töteten durch ihre oft vorhandene Fischgiftigkeit die Moskitofische. Da inzwischen viele der krankheitsübertragenden Mücken gegenüber Insektiziden resistent wurden und die Schonung der Umwelt höheren Stellenwert erhielt, interessiert man sich wieder für die Einbürgerung geeigneter Moskitokärpflinge.

Fische können auch indirekt bei der Unterdrückung von Stechmückenpopulationen helfen: Wasserpflanzen abweidende Fische (z. B. Chinesische Graskarpfen) reduzieren indirekt die Population von Mückenlarven, da sie den heranwachsenden Mückenlarven den benötigten Schutz wegnehmen.

Manche einheimische Fische können zwar ebenfalls Mückenlarven fressen, doch nehmen sie auch andere, im Wasser lebende Tiere zu sich, die nützlich sein könnten (z. B. Libellenlarven, Laich und Kaulquappen von Amphibien).

6.2 LURCHE *(AMPHIBIA)*

In der Klasse der Amphibien sind die Kröten die bekanntesten Nützlinge.

Eine sehr verbreitetete Art ist die Erdkröte *(Bufo bufo)*. Sie ist ein Dämmerungs- und Nachttier. Tagsüber hält sie sich unter Steinen und Brettern verborgen, abends geht sie auf Nahrungssuche. Sie lebt ausschließlich von tierischer Nahrung. Sie nährt sich von Würmern, Spinnen, Käfern, Erdraupen und frisst besonders gerne Asseln und Nacktschnecken.

Die wirksame Vertilgung von Schädlingen durch Erdkröten veranlasste früher Gärtner dazu, Erdkröten in ihren Gewächshäusern und Mistbeeten zu halten.

Abb. 85: Erdkröte *(Bufo bufo)*.

6.3 KRIECHTIERE *(REPTILIA)*

Eidechsen, Blindschleichen und Schlangen können allerlei Kleintiere, darunter auch Schädlinge, verzehren. Ihre Bedeutung als effektive Vertilger von Schädlingen ist aber gering. Eidechsen, wie die bei uns häufige Smaragdeidechse *(Lacerta viridis*, Abb. 86), die Zauneidechse *(Lacerta agilis*, Abb. 87) und die Mauereidechse *(Lacerta muralis)* können zum Beispiel tagsüber Insekten und deren Larven oder Schnecken und kleine Würmer jagen.

Schlangen verzehren u. a. vielerlei Kleinsäuger, darunter auch schädliche Mäuse und Wühlmäuse.

Abb. 86: Smaragdeidechse *(Lacerta viridis)*.

Abb. 87: Zauneidechse *(Lacerta agilis)*.

6.4 VÖGEL *(AVES)*

Es gibt eine große Zahl nützlicher Vogelarten, die durch ihre vielfältige Ernährungsweise in unterschiedlichen Lebensräumen regulierend auf Schädlinge wirken können.

Besonders die Insekten fressenden Vögel sind wirkungsvolle Vertilger von Schadinsekten. Die *Höhlenbrüter* unter den Insekten fressenden Vögeln sind aus der Sicht des Pflanzenschutzes besonders interessant, da sie durch Nistkästen auch an Orten angesiedelt werden können, wo natürliche Nistmöglichkeiten fehlen. Hierher gehören u. a. Kohlmeisen, Blaumeisen, Rotschwänze, Sperlinge, Fliegenschnäpper, Kleiber, Baumläufer.

Meisen (Abb. 88, 89) suchen auf Blättern, Ästen, Rinden nach Wanzen, Blatt- und Schildläusen, Fliegen, Wespen und Schmetterlingen.

Fliegenschnäpper, Rotschwänze und Schwalben machen auch Jagd auf fliegende Insekten.

Stare vertilgen zwar unter anderem Libellen, Heuschrecken, Ameisen, Käfer, Schnecken, sind aber in der Erntezeit als Früchteschädlinge (z. B. Weintrauben) gefürchtet.

Gartenbaumläufer und Kleiber erbeuten an und unter der Rinde lebende Insekten.

Freibrüter unter den Insekten fressenden Vögel sind die verschiedenen Arten von Grasmücken und Laubsängern. Grasmücken legen ihre Nester meist in geringer Höhe in Büschen und Gestrüpp, Laubsänger meistens am Boden in Pflanzengewirr oder unter Grasbüscheln an. Will man diese Tiere in einem Biotop erhalten, müssen Gebüsch und Gestrüpp vorhanden sein. Grasmücken und Laubsänger unterstützen andere Insekten fressende Vögel bei ihrer nützlichen Tätigkeit für den Menschen.

Spechte (Abb. 90) sind durch ihren speziellen Kopf- und Schnabelbau imstande, in Rinde, im Holz und unterhalb der Borke lebende Insekten, hervorzuholen. Außerdem schaffen sie in größeren Bäumen Höhlen, die später von anderen in Höhlen brütenden nützlichen Vögeln besiedelt werden können.

Aber auch die Körnerfresser in der Vogelwelt sind keine reinen Vegetarier. Manche Vögel mit Körnerfresserschnabel, wie Buchfinken, Goldammern und Sperlinge, können zur Brutzeit schädliche Insekten vernichten, die sie zur Aufzucht ihrer Jungen verwenden.

Eulen

Eulen sind in der Regel Nachtgreifvögel, die in der Dämmerung oder in der Nacht jagen.

Der Waldkauz *(Strix aluco)* jagt Nager und kleine Vögel, der Steinkauz *(Athene noctua)* Insekten, Mäuse u. a., die Waldohreule *(Asio otus*, Abb. 91) fast ausschließlich Kleinsäuger. Wühlmäuse und Feldmäuse können über die Hälfte der Nahrung dieser Eulen ausmachen.

Abb. 88: Blaumeise *(Parus caeruleus)*.

Abb. 89: Kohlmeise *(Parus major)*.

Abb. 90: Großer Buntspecht *(Dryobates major)* und Grünspecht *(Picus viridis)*.

Waldkauz und Waldohreule (aber auch Elstern) können Bruten oft ganzer Kolonien von Wacholderdrosseln zerstören, die im Kernobstbau schädigend sein können.

Eulen kann man fördern durch die Errichtung spezieller Nistkästen (Waldkauz), Brutröhren (Steinkauz) und Horstkörbe (Waldohreule) und die Errichtung von Sitzwarten aus Pfosten und Steinblöcken.

Abb. 91: Waldohreule *(Asio otus)*.

Greifvögel

Die Tagraubvögel oder Greifvögel umfassen die Familie der Habichtartigen und die Falken.

Mäusebussard und Turmfalke sind vor allem in Jahren mit Mäusekalamitäten wertvolle Vertilger dieser Schädlinge.

Durch die Errichtung von „Sitzkrücken" können Greifvögel auch in Gelände, das sie sonst wegen fehlender geeigneter Anflugplätze meiden, angesiedelt werden.

Die Bedeutung der Vögel in der Landwirtschaft

Der Mensch teilt Vögel, die in Kulturlandschaft leben ein in schädliche, nützliche und indifferente Vogelarten. Diese vom Standpunkt des Menschen getroffene Einteilung ist subjektiv und ungenau. Es gibt keinen Vogel der wirklich nur schädlich ist, und viele schädliche gleichen den Schaden durch andere Vorteile wieder aus.

Zu den nützlichen Vögeln gehören die insektivoren (Insekten fressenden) Vogelarten, die eine kontrollierende Wirkung auf schädliche Insekten ausüben können. Eine strenge Einteilung nach der Nützlichkeit der Vögel für den Menschen ist aber auch hier nicht möglich, da eine Vogelart sowohl schädliche als auch nützliche Insekten (Parasiten, räuberische Insekten) fressen kann. Sperlinge und Meisen fangen zum Beispiel auch die Larven von Schwebfliegen und Florfliegen, die ihrerseits Blattläuse vernichten würden.

Sicher spielen vor allem die Insekten fressenden Vögel eine Rolle bei der Dezimierung von Schädlingspopulationen, doch können sie im Vergleich zu räuberischen oder parasitierenden Insekten, die sich viel rascher vermehren können, oder zu Krankheitserregern bei der Unterdrückung von Massenvermehrungen von Schädlingen nicht in Konkurrenz treten.

Vögel stellen aber trotzdem sehr wichtige Elemente bei der Regulierung von Schädlingspopulationen dar und es ist jede Maßnahme zu begrüßen, die den Schutz und die Förderung der Vogelwelt zum Ziel hat!

6.5 SÄUGETIERE *(MAMMALIA)*

Die erste Form der Ausnutzung eines Räuber–Beute-Verhältnisses und damit die erste von Menschen durchgeführte biologische Bekämpfungsmaßnahme erfolgte mit Tieren aus der Klasse der Säugetiere: die Domestizierung der Hauskatze schuf die Möglichkeit zur regelmäßigen Bekämpfung von Vorratsschädlingen (Mäusen).

Wichtige Helfer bei der regelmäßigen Unterdrückung von Schädlingspopulationen sind

6.5.1 Insekten fressende Säugetiere *(Insectivora)*

zu denen Igel, Spitzrüssler (irreführend oft als „Spitzmäuse" bezeichnet) und Maulwürfe gehören.

Alle Insectivora sind sind Räuber und die meisten von ihnen benötigen täglich etwa das eigene Körpergewicht an tierischer Nahrung.

6.5.1.1 Igel (Europäischer Igel, *Erinaceus europaeus*)

Igel sind durch ihr Stachelkleid unverwechselbar und wohl jedermann als häufige Gäste in unseren Gärten bekannt (Abb. 92).

Sie leben tagsüber verborgen im dichten Gebüsch, unter Laub- und Reisighaufen, in Hecken oder Schuppen und verlassen die Verstecke erst

Abb. 92: Europäischer Igel *(Erinaceus europaeus)*.

bei Eintritt der Dämmerung, um auf Nahrungssuche zu gehen. Igel ernähren sich hauptsächlich von kleinen wirbellosen Tieren, wie Käfern, Engerlingen, Drahtwürmern, Erdraupen, Schnecken, Asseln und Würmern.

Gelegentlich verspeisen sie aber auch Amphibien, Reptilien, Jungvögel, Vogeleier und Nest hockende junge Säugetiere (Mäuse).

Die nützlichen Igel sind heute vor allem durch den Straßenverkehr sehr gefährdet.

Da junge Igel einen ausreichenden Fettvorrat für den Winterschlaf benötigen, manche Jungtiere aber bis zum Spätherbst oft kein ausreichendes Körpergewicht erlangen, kann durch fachgerechte Überwinterungshilfe vielen jungen Igeln das Leben gerettet werden.

6.5.1.2 Spitzrüssler (Spitzmäuse, *Soricidae*)

Spitzrüssler werden oft irreführend als Spitzmäuse bezeichnet, obwohl sie, zwar äußerlich den Mäusen etwas ähnlich, alles andere als echte Mäuse (Nagetiere) sind.

Diese Insektenfresser sind äußerlich durch ihre lang ausgezogene Nase und Oberlippe und ihr samtartiges Fell von Mäusen leicht zu unterscheiden. Unter den Spitzmäusen finden sich die kleinsten Formen der Säugetiere.

In Mitteleuropa kommen etwa 8 Arten vor, u. a. Wald-, Haus-, Garten-, Zwerg- und Feldspitzmaus (Abb. 93).

Spitzmäuse sind Raubjäger und als Feinde von kleinen Acker-, Forst- und Vorratsschädlingen sehr nützlich. Sie fressen allerlei Insekten, wie Engerlinge, Maulwurfsgrillen und Drahtwürmer sowie Schnecken und Würmer. Sie nehmen aber auch die wesentlich größeren Haus- und

Feldmäuse als Nahrung an. Sie haben ein großes Nahrungsbedürfnis, das sie besonders am Abend und während der Nachtzeit, auch während der Wintermonate, auf Nahrungssuche treibt. Tagsüber bleiben die auf dem Land lebenden Spitzmausarten in Mäuselöchern und anderen Verstecken (z. B. Komposthaufen) verborgen.

Angesichts der meist geringen Siedlungsdichte dieser Kleinsäuger ist ihr praktischer Nutzen nicht sehr hoch zu veranschlagen, kann aber örtlich bei Massenauftreten doch Bedeutung erlangen.

Abb. 93: Feldspitzmaus *(Cricidura leucodon)*.

6.5.1.3 Maulwurf *(Talpa europaea)*

Der Maulwurf ist zwar oft unbeliebt, weil er in Kleingärten oder in Wiesen Erdhügel aufwirft, doch sind Mauwürfe sehr nützliche Tiere.

Sie nehmen niemals Pflanzenkost zu sich, vielmehr fressen sie die wahren Schädiger von Wurzeln und jungen Pflanzen. Sie verzehren u. a. schädliche Bodeninsekten, wie Engerlinge, Drahtwürmer und Erdraupen, die mit chemischen Maßnahmen ohnehin nur schwer zu töten wären. Sie nehmen allerdings auch die nützlichen Regenwürmer als Nahrung zu sich. Das Auftreten von Maulwürfen zeigt reges Bodenleben an.

Maulwürfe benötigen täglich mindestens so viel an tierischer Nahrung, wie ihr eigenes Körpergewicht beträgt. Dies bedeutet, dass ein Maulwurf pro Jahr etwa 36–37 kg tierischer Futtermenge benötigt.

6.5.2 Fledermäuse (Flattertiere, *Chiroptera*)

Die Bezeichnung Fledermaus ist, ebenso wie die Bezeichnung Spitzmaus, eigentlich zoologisch gesehen falsch, da es sich bei beiden um keine Mäuse (und damit Nagetiere) handelt.

Fledermäuse sind als flugfähige Säugetiere wohl allgemein bekannt. Der Flug findet in der Dämmerung und nachts statt, wobei die Orientierung im Raum und die Ortung der Beutetiere durch Ultraschallpeilung erfolgt. Fledermäuse sind an den raschen, flatternden und durch plötzliche Wendungen charakterisierten Flugbewegungen leicht zu erkennen. Eine zwischen Rumpf, den Vorder- und Hintergliedmaßen und dem Schwanz ausgespannte Flughaut ermöglicht diese Art der Fortbewegung (Abb. 94).

In Mitteleuropa dürfte es über 20 Arten geben, die in sehr verschiedenen Lebensräumen vorkommen.

Fledermäuse sind ausnahmslos nützliche Schädlingsvertilger, die zahlreiche land- und forstwirtschaftliche Schädlinge vernichten. Ihre Beute bilden oft Schadinsekten, die infolge ihrer nächtlichen Lebensweise durch andere Insektenvertilger nicht erfasst werden.

Dazu gehören viele schädliche Nachtschmetterlinge wie z. B. Apfel-, Pflaumenwickler, verschiedene Spanner, Spinner und Eulenschmetterlinge, Schnaken, Mücken und Fliegen.

Fledermäuse sind in ihrem Bestand gefährdet, da die Zahl ihrer Futtertiere durch den Insektizideinsatz abgenommen hat und es ihnen manchmal an geeignetem Lebensraum (ruhige Höhlen, Grotten, Baumhöhlen, Sparrenwerk alter Gebäude) mangelt.

Fledermäuse stehen unter Naturschutz. Die Tiere dürfen besonders an ihren Tages- und Winterschlafplätzen nicht gestört werden.

Sie können gefördert werden, indem man zu ihrer Ansiedlung fingerbreite Schlitze an geeigneten Stellen von Dachstühlen anbietet. Auch spezielle Fledermausnistkästen werden angenommen.

Abb. 94: Fledermaus.

6.5.3 Raubtiere *(Carnivora)*

Ein nützlicher Vertreter unter den Raubtieren wurde bereits eingangs erwähnt: die Hauskatze.

Ein interessanter Nützling findet sich auch in der Familie der **Marder** *(Mustelidae)*, das

6.5.3.1 Mauswiesel *(Mustela nivalis)*

Das Mauswiesel (Abb. 95), auch Kleines Wiesel genannt, sowie das Große Wiesel *(Hermelin, Mustela erminea)* sind gewichtige Feinde von Mäusen und Ratten.

Mauswiesel können auch tagsüber gesehen werden, wenn sie in bogenförmigen Sprüngen laufen und sich immer wieder suchend aufrichten.

Das Mauswiesel jagt – wie der Name sagt – in der Hauptsache Mäuse. Es kann die Beute (Feld-, Waldmäuse) bis in deren Bau verfolgen und dort angreifen.

Mauswiesel sind besonders in Mäusejahren nützlich, wo sie zahlreiche Mäuse vertilgen oder zumindest totbeißen können.

Neben der Hauptnahrung Mäuse werden auch Ratten, Hamster, junge Hasen, Schlangen und Frösche angenommen. Manchmal kommt es in Hühnerställen zu Schäden, wenn Wiesel Eier verschleppen oder Junghühner fressen.

Wiesel sind die einzigen, effektiven Feinde der Wühlmaus (Schermaus), die sie in deren Gängen verfolgen und töten können.

Abb. 95: Kleines Mauswiesel *(Mustela nivalis)*.

V. DIE ROLLE DER NÜTZLINGE IN EINEM ZEITGEMÄßEN PFLANZENSCHUTZ

1. EINLEITUNG

Die Lebensgemeinschaften (Biozönosen) unserer landwirtschaftlichen Kulturen sowie der gärtnerisch gestalteten und betreuten Pflanzengesellschaften sind zwar artenärmer und daher auch weniger stabil als unberührte Biozönosen (z. B. Urwald), können sich jedoch teilweise und für einige Zeit in einem gewissen natürlichen Gleichgewichtszustand halten.

Ein solches, zwischen Schädlingsbevölkerung und den biologischen Regel- und Begrenzungsfaktoren (Nützlingen) bestehendes natürliches Gleichgewicht kann durch abiotische (z. B. Witterung) und biotische Einwirkung (z. B. Kulturmaßnahmen) verändert werden.

Wirkt sich eine solche Veränderung negativ auf die biologischen Regel- und Begrenzungsfaktoren und damit in der Folge zwangsläufig fördernd für die Schädlingsbevölkerung aus, müssen durch spezifische Pflanzenschutzmaßnahmen die Schädlinge auf ein wirtschaftlich erträgliches Maß zurückgedrängt werden.

Ist eine Pflanzenschutzmaßnahme aber breitenwirksam, das heißt, dass neben dem Zielschädling auch andere schädliche, nützliche und indifferente Mitbewohner des Lebensraumes in ihrer Entwicklung gestört werden, bedeutet dies eine weitere Beeinträchtigung des biologischen Gleichgewichtes. Erneute Pflanzenschutzmaßnahmen können dadurch notwendig werden.

Ziel eines zeitgemäßen Pflanzenschutzes sollte es daher sein, in landwirtschaftlichen Kulturen die Ernte sowohl qualitativ als auch quantitativ abzusichern beziehungsweise im Zierpflanzenbau Gesundheit und erwünschtes Aussehen der Pflanzen zu erhalten, ohne nachhaltige Schäden in der jeweils betroffenen Biozönose zu verursachen.

Erste Überlegungen in diese Richtung wurden bereits in den vierziger Jahren unseres Jahrhunderts in Kanada vorwiegend aus ökonomischen, in den fünfziger Jahren in Europa bereits aus ökologischen Gründen angestellt.

Bald wurde erstmals der Begriff der **„integrierten Schädlingsbekämpfung“** geprägt. Da jedoch nicht die Bekämpfung der Schädlinge, sondern der Schutz der Pflanze, wie er auch zum Beispiel durch vorbeugende Maßnahmen erreicht werden kann, im Vordergrund steht, setzte sich in der Fachsprache schließlich die Bezeichnung **„integrierter Pflanzenschutz“** durch.

Dieser stellt einen wichtigen Bestandteil einer modernen gesamtheitlichen Produktionsweise, der **„integrierten Pflanzenproduktion“**, dar.

2. INTEGRIERTER PFLANZENSCHUTZ

Einer Definition der I.O.B.C. (Internationale Organisation für biologische Schädlingsbekämpfung) und FAO (Ernährungs- und Landwirtschaftsorganisation der Vereinten Nationen) entsprechend versteht man unter integriertem Pflanzenschutz:

„Der integrierte Pflanzenschutz ist ein Verfahren, bei dem alle ökonomisch, ökologisch und toxikologisch vertretbaren Methoden verwendet werden, um Schadorganismen unter der wirtschaftlichen Schadensschwelle zu halten, wobei die bewusste Ausnutzung natürlicher Regel- und Begrenzungsfaktoren im Vordergrund steht."

Daraus geht klar hervor, dass es sich bei einem derartigen Pflanzenschutzkonzept um ein wirtschaftlich vertretbares Verfahren handelt, bei dem jedoch vornehmlich auf die erwünschte Mithilfe natürlicher Regel- und Begrenzungsfaktoren (Nützlinge, Kulturmaßnahmen) Wert gelegt wird.

Maßnahmen zur Sicherung der Mithilfe der Nützlinge als natürliche Regel- und Begrenzungsfaktoren sind:

- weitestgehende Schonung der bereits vorhandenen Nützlinge
- aktive Förderung von in zu geringer Dichte vorhandenen Nützlingen
- Einbürgerung bisher nicht vorhandener Nützlinge
- Vermehrung und Freisetzung von Nützlingen

3. SCHONUNG VORHANDENER NÜTZLINGE

Die Schonung der Nützlinge kann vornehmlich durch sparsame und möglichst nützlingsschonende Anwendung von Pflanzenschutzmaßnahmen erreicht werden.

Die geforderte sparsame Anwendung von Pflanzenschutzmaßnahmen ist vor allem durch *genaue Beobachtung des Schädlingsauftretens mithilfe von*

- *Fallen* (Pheromonfallen [Abb. 96], Farbfallen [Abb. 97–99], Fangschalen [Abb. 100] u. Ä.),
- *visuellen Kontrollen* (mit freiem Auge und Handlupe) [Abb. 101] und
- *Kescherfängen* (z. B. Klopfprobennahme mit Klopftrichter, Abb. 102),
- *Berücksichtigung wirtschaftlicher Schadensschwellen* und
- *Beachtung offizieller und privater Warndienste zu erreichen.*

Nützlingsschonend sind vor allem alle nicht-chemischen Pflanzenschutzmaßnahmen, wie zum Beispiel

Vorbeugende Kulturmaßnahmen:

richtige Bodenpflege und Düngung
sinnvoller Fruchtwechsel
Verwendung standortgerechter sowie schädlings- und krankheitsresistenter Sorten

Abb. 96: Mit Sexuallockstoff-Fallen (Pheromonfallen) kann der Flugverlauf vieler Schadschmetterlinge verfolgt werden. Die vom Duftstoff angelockten männlichen Falter bleiben auf dem beleimten Fallenboden kleben.

Abb. 97: Beleimte Gelbfalle (Typ rebell) zum Fang von Kirschfruchtfliegen.

Abb. 98: Beleimte Weißfalle (Typ Rebell) zum Fang von Sägewespen.

Abb. 99: Rotfalle und Gefäß mit Köderflüssigkeit zum Fang von Weibchen des Ungleichen Holzbohrers *(Anisandrus dispar)*.

Abb. 100: Gelbe, mit Flüssigkeit gefüllte Fangschalen werden häufig im Feldbau verwendet.

Abb. 101: Regelmäßige visuelle Kontrollen mit freiem Auge und mit der Handlupe sind wichtige Entscheidungshilfen in einem integrierten Pflanzenschutzkonzept.

Abb. 102: Klopfprobe: Durch systematisches Abklopfen von Ästen fallen die vorhandenen Tiere in den Fangtrichter. Die Auswertung der Fänge gibt Aufschluss über die anwesenden Nützlinge, Schädlinge und Indifferenten.

Mechanische Pflanzenschutzmaßnahmen:
mechanische Entfernung kranker und befallener Pflanzenteile, Verwendung von Fallen, Leimringen (Abb. 103) u. a.

Biotechnische Verfahren:
Einsatz von Sexuallockstoffen zur Verhinderung der Partnerfindung (Konfusions- oder Verwirrungsmethode)

Biologische Verfahren:
gezielter Einsatz von Nutzorganismen gegen Schädlinge und Krankheitserreger

Auch *chemische Maßnahmen* können unter gewissen Umständen schonend sein, wenn zum Beispiel

- selektive, nicht breitenwirksame, Pflanzenschutzmittel eingesetzt werden oder wenn
- Behandlungen zu Terminen durchgeführt werden, an denen einzelne Nützlinge aufgrund ihres Entwicklungsstadiums (z. B. im Boden überwinternde Stadien von Nützlingen bei Winter- oder Austriebsbehandlungen) oder ihrer Lebensgewohnheiten (z. B. Behandlungen am Abend außerhalb der Flugzeit von Bienen) nicht getroffen werden.

Abb. 103: Als mechanische Pflanzenschutzmaßnahmen werden Leimringe zum Abfangen der ungeflügelten, am Stamm aufwanderden Weibchen der Frostspanner eingesetzt.

Abb. 104: Raubmilben nutzen Filzgürtel als Verstecke und können daher z. B. aus Obstanlagen mit Raubmilbenauftreten (Streuobstanlagen) gesammelt und in Erwerbsobstanlagen übertragen werden.

4. AKTIVE FÖRDERUNG VON NÜTZLINGEN

Der aktiven Förderung von Nützlingen kommt in einem integrierten Pflanzenschutzkonzept große Bedeutung zu. Untersuchungen haben ergeben, dass nach jahrzehntelangem Einsatz breitenwirksamer Pflanzenschutzmittel in Agrozönosen viele Nützlingsarten fast vollständig ausgerottet wurden (Fig. 1).

Dies trifft vor allem auf flugunfähige Nützlinge, wie Laufkäfer der Gattung *Carabus*, größere Spinnenarten, die sich nicht durch Flugfäden mit dem Wind verbreiten können, sowie zahlreiche Raubmilbenarten zu.

Da die natürliche Wiedereinwanderung von flugunfähigen Nützlingsarten in solche gestörte Lebensräume auch nach Einführung eines integrierten Pflanzenschutzkonzeptes nur äußerst langsam vor sich geht, kann diese Besiedelung durch gezielte Einbürgerung der benötigten Nützlinge aus geschonten Lebensräumen wesentlich beschleunigt werden.

Raubmilben können zum Beispiel durch Pflanzenteile (Blätter, Triebe Abb. 105 b) oder in Fanggürteln aus Filz übertragen werden (Abb. 104). Fund- und Sammelorte für Raubmilben sind unbehandelte Streuobstbäume oder Weinreben. Die sehr wirksame Raubmilbe *Typhlodromus pyri* wird bevorzugt an Rebblättern gefunden, die mit Pockenmilben befallen sind (Abb. 105 a).

Da die weitere Ausbreitung der eingebrachten Nützlinge durch Windverfrachtung etwas beschleunigt werden kann, sollte mit der Einbringung an jenen Pflanzen begonnen werden, die der Hauptwindrichtung zugekehrt sind.

Nützlinge, die durch Flug- oder gute Lauffähigkeit ausreichende Verbreitungsmöglichkeiten besitzen, sollten durch gezielte Verbesserung der Lebensbedingungen in den gewünschten Lebensraum gelockt, dort in ihrer Entwicklung gefördert und damit auch erhalten werden.

Viele nützliche Insektenarten (z. B. Schwebfliegen, Schlupfwespen) werden durch Blüten angelockt, gewisse Nektarpflanzen (z. B. Phacelia) sind als wichtige Nahrungsquellen für parasitische Schlupfwespen und Raupenfliegen bekannt. Blütenpollen, die von vielen Boden bedeckenden Pflanzen produziert werden, sind für zahlreiche Raubmilbenarten lebenswichtig. Sie dienen als Ersatznahrung, wenn Spinnmilben oder indifferente Milbenarten als Hauptwirte nicht zur Verfügung stehen.

Durch das Bereitstellen von Brut-, Versteck- und Überwinterungsmöglichkeiten werden Lebensräume geschaffen. Das Ausbringen von Nistkästen und die Erhaltung oder das Auspflanzen von Hecken fördert die Vogelwelt. Laub-, Reisig- oder Steinhaufen können als Verstecke für Igel und Mauswiesel empfohlen werden. Das Aufhängen von Blumentöpfen, die mit Holzwolle gefüllt sind, gibt Ohrwürmern Aufenthaltsmöglichkeiten (Abb. 24).

So manche Nützlingsart wandert aus einer Biozönose ab oder geht zugrunde, obwohl sie selbst von Pflanzenschutzmaßnahmen geschont wird, wenn ihre Wirtstiere vollständig ausgerottet werden.

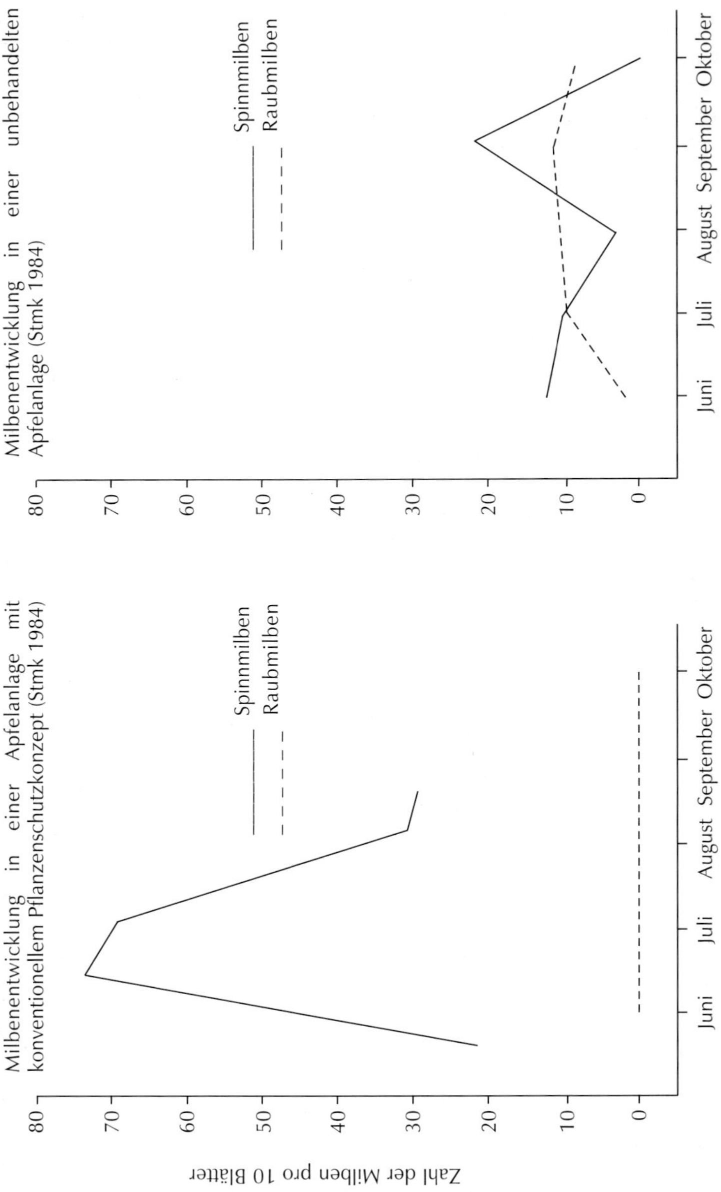

Fig. 1: Spinn- und Raubmilbenentwicklung in einer konventionell behandelten und einer unbehandelten Apfelanlage in der Steiermark.

In einem integrierten Pflanzenschutzkonzept werden daher besonders gegen Schädlinge mit höherer wirtschaftlicher Schadensschwelle (z. B. verschiedene Blattlausarten, einige Wickler- und Mottenarten im Obstbau u. a.) bevorzugt Pflanzenschutzmittel, die zwar einen geringeren Wirkungsgrad als andere Präparate erreichen, dafür aber wesentlich nützlingsschonender sind, verwendet.

Abb. 105 a

Abb. 105 b

Abb. 105 a, b: Eine im Wein- und Obstbau gegen Spinnmilben sehr wirksame Raubmilbe ist *Typhlodromus pyri*. Rebblätter mit diesen Raubmilben können in Obstanlagen (Abb. 105 a) oder Rebanlagen (Abb. 105 b) übertragen werden, in denen keine oder zu wenig Raubmilben vorhanden sind.

5. EINBÜRGERUNG NEUER NÜTZLINGE IN EINEN LEBENSRAUM

Die Einbürgerung von Nützlingen – oft auch aus anderen Erdteilen – in einen Lebensraum, den sie vorher nicht besiedelten, ist seit langem eine wirksame Technik des biologischen Pflanzenschutzes.

Diese Methode wird vor allem in jenen Fällen angewendet, in denen vorher durch den Menschen Schädlinge in neue Lebensräume eingeschleppt wurden und diese sich mangels wirksamer einheimischer spezifischer Feinde ungehemmt vermehren konnten.

Das Nachführen dieser Feinde aus dem ursprünglichen Lebensraum eines Schädlings hat weltweit in mindestens 225 Fällen nachhaltige Erfolge bei der Unterdrückung von über 100 Schädlingsarten gebracht.

Herausragende Beispiele für erfolgreiche Einbürgerungen von Nützlingen in Europa sind die

- Einbürgerung der Zehrwespe *Prospaltella perniciosi* aus Nordamerika zur biologischen Bekämpfung der San-José-Schildlaus *(Quadraspidiotus perniciosus),* die nach dem Zweiten Weltkrieg nach Europa eingeschleppt wurde und verheerende Schäden im Obstbau anrichtete, und die
- Einbürgerung der Zehrwespe *Aphelinus mali* aus Nordamerika ab 1920 zur biologischen Bekämpfung des bereits gegen Ende des 18. Jahrhunderts aus Nordamerika eingeschleppten Obstbauschädlings *Eriosoma lanigerum* (Blutlaus).

Aber auch Europa hat mit dem Auswandererstrom zahlreiche Schädlinge in andere Erdteile geliefert (zum Beispiel Kleiner Frostspanner, Kleiner Kohlweißling, Kohlschabe, Schwammspinner, verschiedene Blattwespenarten u. a.).

Auch hier hat die Nachfuhr der europäischen Nützlinge große Erfolge gebracht.

Die Einfuhr exotischer Nützlinge zum Zweck der Freilassung als Pflanzenschutzmittel z. B. in Österreich unterliegt den Bestimmungen des Internationalen Artenschutzabkommens (Convention on Biological Diversity, 1993) sowie des Österreichischen Pflanzenschutzmittelgesetzes (1997). Dadurch soll möglichen Risiken der Verdrängung von heimischer Fauna und ihren Folgen vorgebeugt werden.

6. VERMEHRUNG UND FREISETZUNG VON NÜTZLINGEN

Die Zucht und Freisetzung bestimmter Nützlingsarten hat sich in der Praxis vor allem zur biologischen Bekämpfung von Schädlingen in Unterglaskulturen bewährt, worüber in Kapitel VII. detailliert berichtet wird.

Aber auch im Freiland konnten bisher insbesondere parasitische Schlupfwespen der Gattung *Trichogramma* gegen Schadschmetterlinge in Mais (Maiszünsler) und in Gemüse (z. B. Kohleule) sowie im Obst- und Weinbau die Raubmilbe *Typhlodromus pyri* gegen Schadmilben mit Erfolg eingesetzt werden.

Weiters könnte gegen neu auftretende Problemschädlinge wie z. B. die eingeschleppte Miniermotte an Rosskastanien *(Cameraria ohridella)* die Freilassung von in größeren Mengen gezüchteten heimischen Nützlingen zur Beschleunigung des angestrebten natürlichen Gleichgewichtes beitragen.

VI. GESETZLICHE BESTIMMUNGEN ZUR EINFUHR BZW. FREILASSUNG VON NUTZORGANISMEN (BEISPIEL: ÖSTERREICH)

Der **Einsatz von Nutzorganismen** jedweder Art (Nützlinge, Viren und Mikroorganismen) als Pflanzenschutzmittel **bedarf einer vorherigen Zulassung** nach dem Österreichischen Pflanzenschutzgesetz (1997).

Darüber hinaus gelten die Bestimmungen der EU-Richtlinie 91/414 EEC über das Inverkehrbringen von Pflanzenschutzmitteln. Die **Anwendung von Nutzorganismen** wird u. a. durch das Chemikaliengesetz (1987), das Lebensmittelgesetz (1975) und Anwendungsbestimmungen auf Bundesländerebene geregelt. Massenproduzierte Nützlinge werden sowohl im Freiland, insbesondere aber auch an Gewächshauskulturen eingesetzt (siehe Tab. 1 und 2). 1997 waren in Österreich 36 Pflanzenschutzmittel, die 22 verschiedene Nutzorganismen enthielten, für die Anwendung in der Land- und Forstwirtschaft sowie im Gartenbau zugelassen. In Europa (EPPO-Region) waren 1997 ca. 50 exotische und 60 einheimische Nützlingsarten zur Kontrolle von Schaderregern im Freiland und im Gewächshausbereich im Einsatz.

VII. NÜTZLINGE UND IHRE VERWENDUNG IN GEWÄCHSHÄUSERN, WINTERGÄRTEN UND INNENRÄUMEN

1. ALLGEMEINES

Die Anwendung von Nützlingen gegen Schädlinge an Unterglaskulturen im Rahmen des biologischen und integrierten Pflanzenschutzes hat in den letzten Jahren stark zugenommen.

So schätzt man den Anteil der Glashausfläche, auf der Nützlinge weltweit eingesetzt werden, auf zirka 10.000 Hektar im Jahr 1988 gegenüber 13 ha im Jahr 1968.

Der Einsatz von Nutzarthropoden z. B. in Österreich stieg von 4,5 ha Gewächshausfläche 1988/89 auf 236,2 ha im Jahr 1996 (Fig. 2). Die Nützlinge werden von verschiedenen Herstellern kommerziell in größeren Mengen produziert und verkauft.

Nutzorganismus	**Zielorganismus**	**Kultur**
Amblyseius cucumeris	Raubmilben gegen Thripse	GH*: Gemüse, Zierpflanzen
Aphelinus abdominalis	Parasitoide gegen Blattläuse	GH: Gemüse, Zierpflanzen
Aphidius colemani/ matricariae	Parasitoide gegen Blattläuse	GH: Gemüse, Zierpflanzen
Aphidoletes aphidimyza	Räuberische Gallmücke gegen Blattläuse	GH: Gemüse, Zierpflanzen
Cryptolaemus montrouzieri	Marienkäfer gegen Schmierläuse	GH: Zierpflanzen
Chrysopa carnea	Florfliegen gegen Blattläuse	GH: Gemüse, Zierpflanzen
Dacnusa sibirica	Parasitoide gegen Minierfliegen	GH: Gemüse, Zierpflanzen
Diglyphus isaea	Parasitoide gegen Minierfliegen	GH: Gemüse Zierpflanzen
Encarsia formosa	Parasitoide gegen Weiße Fliegen	GH:Gemüse, Zierpflanzen
Leptomastix dactylopii	Parasitoide gegen Schildläuse	GH: Zierpflanzen
Leptomastidea abnormis	Parasitoide gegen Schildläuse	GH: Zierpflanzen
Orius majusculus	Räuberische Wanze gegen Thripse	GH: Gemüse, Zierpflanzen
Phytoseiulus persimilis	Raubmilben gegen Spinnmilben	GH: Gemüse, Zierpflanzen
Typhlodromus pyri	Obstbaumspinnmilbe, Apfelrostmilbe, Kräuselmilbe	Obstbau, Weinbau
Trichogramma sp.	Maiszünsler	Mais

Tab. 2: Nutzarthropoden, die in Österreich als Pflanzenschutzmittel zugelassen sind (Januar 1997)/ *GH = Gewächshaus

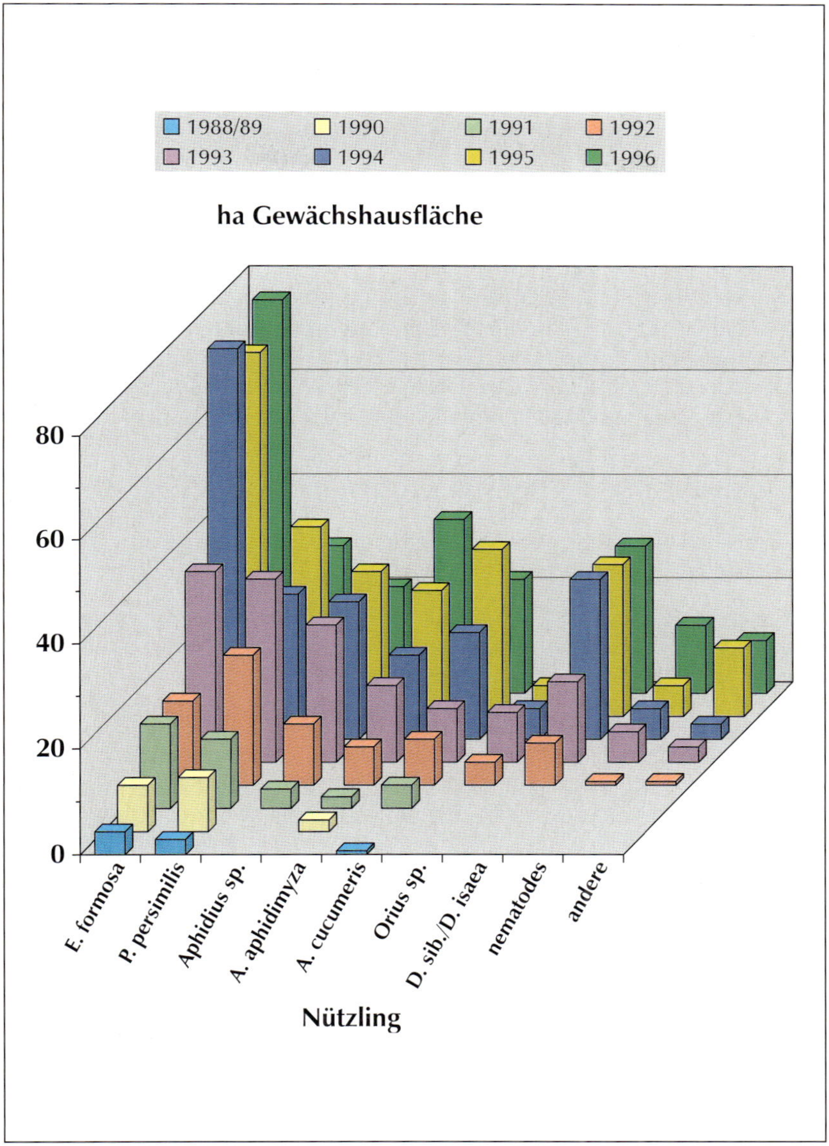

Fig. 2: Einsatzfläche von Nützlingen im Gewächshaus in Österreich

1.1 MONITORING

Die besten Erfolgsaussichten für den Nützlingseinsatz bestehen, wenn dieser möglichst frühzeitig und teilweise auch vorbeugend erfolgt. Daher kommt der Früherkennung des Schädlingsbefalls besondere Bedeutung zu. Neben der direkten Kontrolle der Pflanzen auf Schadbild und Schädlinge, bei der nicht immer alle Schädlinge bei vertretbarem Zeitaufwand entdeckt werden können, besteht die ergänzende oder zusätzliche Möglichkeit eines Monitorings mittels beleimter Farbtafeln. Zum Abfangen der geflügelten Stadien von Weißen Fliegen, Minierfliegen und Blattläusen haben sich **gelbe Klebetafeln** als besonders fängig erwiesen, für die Erfassung von Thripsen **beleimte Blautafeln** (Abb. 110). Die beleimten Farbtafeln sollten in der Nähe von Lüftungsklappen oder Eingängen installiert werden. In kleineren Gewächshäusern können die Farbtafeln auch zum Massenabfang der Schädlinge eingesetzt werden.

1.2 AUSBRINGUNGSARTEN FÜR NÜTZLINGE

Für die **Ausbringung von Nützlingen** gibt es im Wesentlichen vier verschiedene Einsatzverfahren:

Pest in first: Die Gewächshauspflanzen werden zuerst mit dem Schädling und anschließend in einem bestimmten Einsatzverhältnis mit dem entsprechenden Nützling besiedelt. Dieses Verfahren ist sehr genau und weist hohe Erfolgsquoten auf, konnte sich aber in der Praxis nicht durchsetzen.

Offene Zucht/Bankerpflanzen: Das Prinzip dieser Methoden ist der frühzeitige Aufbau einer Nützlingszucht direkt in den Gewächshäusern. Bei der offenen Zucht für z. B. Blattlausnützlinge werden Blattlausarten, die die Kulturpflanzen nicht befallen können, als Ersatzwirte herangezüchtet (z. B. Getreideblattläuse auf Wintergerste) und auf diesem Blattlausbestand anschließend die Nützlinge angesiedelt. Dieses Verfahren bietet den Vorteil, dass die Nützlinge bereits frühzeitig im Bestand vorhanden sind und sich überlappende Generationen des Nützlings aufbauen können. Dadurch ist die Anwesenheit wirksamer Entwicklungsstadien der Nützlinge gewährleistet. Außerdem benötigt man u. U. weniger Nützlinge, um den gleichen Kontrollerfolg zu erzielen, wie bei direkter regelmäßiger Freilassung der Nützlinge.

Bei Bankerpflanzen oder Stammpflanzen verwendet man keine Ersatzwirte, sondern besiedelt die Pflanzen mit Schädling und Nützling in einem bestimmten Zahlenverhältnis. Bankerpflanzen werden ebenfalls frühzeitig im Gewächshaus aufgestellt.

Inokulative Freilassung: Nützlinge werden in größeren Mengen an wenigen Terminen freigelassen und sollen sich im Bestand aufbauen (eher im Fruchtgemüsebereich).

Inundatives Verfahren: Nützlinge werden in regelmäßigen Intervallen in verhältnismäßig geringer Anzahl, aber häufig ausgebracht (z. B. *Encarsia formosa* gegen Weiße Fliege an Poinsettien).

1.3 PRINZIPIEN DES NÜTZLINGSEINSATZES

Nützlinge sollten möglichst frühzeitig, d. h. spätestens beim ersten Auftreten der Schädlinge eingesetzt werden. **Auf geeignete Temperaturen (i. d. R. > 18°C), geeignete relative Luftfeuchte (Raubmilben i. d. R. > 70%!) und eine geeignete Photoperiode (i. d. R. > 16h Licht)** muss Bedacht genommen werden. Die Verpackung sollte erst im Gewächshaus geöffnet und dort einige Tage belassen werden. Die Anwendungsbestimmungen sollten genau eingehalten werden.

Für Einsatztermine und Einsatzmengen von Nutzorganismen in den einzelnen Kulturen sowie Angaben über begleitende selektive, nützlingsschonende chemische Behandlungsmaßnahmen sollten die amtlichen bzw. Hersteller-Empfehlungen beachtet werden.

1.4 PRINZIPIEN DER NÜTZLINGSANZUCHT

Bei allen Nützlingsanzuchten müssen die verschiedenen Anzuchtstufen räumlich gut voneinander getrennt werden.

Bei der Anzucht von Nützlingen auf Wirtstieren oder Beutetieren, die auf Pflanzen vermehrt werden, muss zunächst eine saubere Wirtspflanzenzucht erfolgen. Weiter ist es notwendig, die Schädlingsanzucht mit den erforderlichen Entwicklungsstadien abgetrennt und gesichert vor vorzeitiger Besiedelung durch Nützlinge durchzuführen. In einem dritten, davon räumlich getrennten Schritt werden die Nützlinge herangezogen, wobei u. U. erneut eine Aufteilung in Infektionsraum und Reifungsraum vorzunehmen ist.

2. RÄUBER

2.1 RAUBMILBEN *(PHYTOSEIIDAE)*

2.1.1 Raubmilben gegen Spinnmilben

Die derzeit am häufigsten eingesetzte und im Allgemeinen effektivste Raubmilbenart zur Kontrolle von Spinnmilben *(T. urticae)* ist *Phytoseiulus persimilis*, die sich ausschließlich von Spinnmilben ernährt.

Außerdem wurden *Metaseiulus occidentalis*, *Neoseiulus californicus* und teilweise auch *Neoseiulus cucumeris* als wirksame Spinnmilben-Räuber beschrieben.

Aussehen (Abb. 106)

Erwachsene: zirka 0,5 mm große, leuchtend orangerote, tropfen- bis kugelförmige Milben, die sich schnell bewegen.

Eier: milchig hellorange, zirka 0,1 mm groß und oval.

Larven: zunächst milchig gelb, später orangerot.

Abb. 106: Eier, Nymphen und Erwachsene der Raubmilbe *Phytoseiulus persimilis*.

Abb. 107: Aussetzen der Raubmilbe *Phytoseiulus persimilis* mit besiedelten Buschbohnenblättern.

Entwicklung und Lebensweise

Raubmilben sind besonders bei höheren Temperaturen um 25°C und hoher Luftfeuchtigkeit (80%) gegenüber Spinnmilben begünstigt.

Durchschnittswerte bei 25°C, 65% rel. Luftfeuchte, 16h Licht:

	T. urticae	*P. persimilis*
Entwicklungsdauer Ei – Erwachsene	10 Tage	6 Tage
Lebensdauer Erwachsene	ca. 14 Tage	28 Tage
Anzahl der Eier/Tag und Weibchen	7–10	3–4

Eine Raubmilbe kann pro Tag 20 Spinnmilbeneier, 20 junge Spinnmilben oder 5 erwachsene Spinnmilben vertilgen.

Produktion und Anwendung

Phytoseiulus persimilis-Raubmilben werden auf mit Spinnmilben (Nahrungstiere) besiedelten Buschbohnen gezüchtet (Abb. 107). Die Raubmilben werden mit den Buschbohnenblättern, auf denen sich dann alle Entwicklungsstadien des Nützlings befinden, geerntet und in befeuchteten Papierlagen verpackt, angeboten. Bei dieser Methode befinden sich auch Spinnmilben als Transportnahrung auf den Blättern. Die Blätter mit den Raubmilben werden dann mit der Blattunterseite nach unten auf die befallenen Pflanzen aufgelegt. Nachteilig könnte es sein, wenn andere Krankheitserreger mit den Buschbohnenblättern übertragen würden. Eine diesbezügliche Befallsfreiheit muss vom Nützlingsproduzenten garantiert werden.

Bei einem anderen Verfahren werden die mobilen Stadien der Raubmilben in Kleie gelockt und in Flaschen abgefüllt. Dadurch sind kaum Jungstadien enthalten, was zu einem vorübergehenden Einbruch in der Nützlingspopulation führen kann. Die Kleie mit den Raubmilben wird auf die befallenen Pflanzen ausgestreut. Raubmilben gegen Spinnmilben werden in der Regel mehrmals in 7 bis 14-tägigen Abständen in Aufwandmengen von 5–10 Stck./m^2 ausgesetzt. Der Einsatz hat sich sowohl bei Gemüse als auch bei Zierpflanzen bewährt.

2.1.2 Die Raubmilben *Amblyseius barkeri* und *Amblyseius cucumeris* und ihre Anwendung gegen Thripse

Als Raubmilben zur Kontrolle von Thripsen (z. B. *Thrips tabaci, Frankliniella occidentalis*) kommen hauptsächlich *Amblyseius barkeri* und *A. (Neoseiulus) cucumeris* zum Einsatz. Darüber hinaus wird derzeit auch *A. degenerans* erprobt.

Aussehen

Erwachsene: ca. 0,5 mm groß, *A. barkeri* bräunlich rot gefärbt (Abb. 108), *A. cucumeris* cremefarben.

Eier: ca. 0,1 mm, milchig weiß, oval.

Larven: zunächst durchscheinend weiß, später orange bis hellrot.

Entwicklung und Lebensweise

Beide Raubmilbenarten ernähren sich von Eiern und Larven der Thripse, können aber auch andere Nahrung wie z. B. Spinnmilben oder Pollen verwerten. Die Raubmilben können 2–3 Thripslarven pro Tag fressen. Hohe Luftfeuchtigkeit hat sich gegenüber Thripsen als ungünstig, für die *Amblyseius*-Raubmilben aber als notwendig erwiesen.

Durchschnittswerte bei 25°C, 75% rel. Luftfeuchte, 16h Licht:

	Frankliniella occidentalis	*Thrips tabaci*	*Amblyseius cucumeris*	*Amblyseius barkeri*
Dauer Gesamtentwicklung	16–18 Tage	15 Tage	6–9 Tage	6 Tage
Lebensdauer	20–25 Tage	20 Tage	20–25 Tage	20–25 Tage
Anzahl Eier/Weibchen	40 E	70–100 E	40–100 E	38–47 E
Diapause	nein	nein	ja *	ja

* diapausefreier Stamm im Handel

Anwendung und Zucht

Die Anzucht der *Amblyseius*-Raubmilben erfolgt bei 90% relativer Luftfeuchte auf Mehlmilben oder Vorratsmilben (z. B. *Tyrophagus*-Arten), die wiederum auf Kleie mit Hefezusatz in belüfteten Kunststoffdosen gezüchtet werden. Bei entsprechender Anzahl Raubmilben pro ml Kleie wird das Anzuchtsubstrat in Behälter mit Luftöffnungen abgefüllt, die auch der Ausbringung dienen. Die Kleie mit einem Gemisch beider Raubmilbenarten wird vorbeugend oder beim ersten Auftreten von Thripsen ausgebracht (Abb. 109).

Da sich die *Amblyseius*-Raubmilben auch von Blütenpollen ernähren, kann man sie **bei Paprika** auch **vorbeugend** vor dem ersten Auftreten der Thripse **einsetzen**, um so den Nützlingsbestand aufzubauen. Im Allgemeinen werden pro Ausbringungstermin zwischen 50–100 Raubmilben/m^2 ausgestreut. Für Kulturen, in denen keine Ersatznahrung vorhanden ist, wie z. B. Gurken, wurde zusätzlich die so genannte **Slow-Release-Methode** entwickelt. Dabei werden kleine Papiersäckchen, die in einem bestimmten Mischungsverhältnis Raubmilben und Vorratsmilben enthalten, in gleichmäßigen Abständen auf die Pflanzen aufgebracht. Diese Methode dient gewissermaßen als Erhaltungszucht für die Raubmilben, die dann bei Thripsbefall über einen längeren Zeitraum hinweg auf die Gurken abwandern können. Raubmilben zur Thripsbekämpung haben sich besonders in Gemüse, aber teilweise auch an Zierpflanzen als erfolgreich erwiesen.

Abb. 108: Erwachsene Raubmilbe *Amblyseius (Neoseiulus) barkeri*.

Abb. 109: Streumaterial (Kleie) mit *Amblyseius*-Raubmilben auf Gewächshausgurke.

Abb. 110: Beleimte Blautafeln für das „Monitoring" von Thripsen.

2.1.3 Raubmilben gegen Trauermücken

Derzeit noch in geringem Umfang werden die beiden Raubmilbenarten *Hypoaspis miles* und *Hypoaspis aculeifer* eingesetzt. Erstere Art vertilgt zusätzlich auch bodenbürtige Entwicklungsstadien verschiedener Schadorganismen wie z. B. Collembolen, Thripse, Minierfliegen, Nematoden und Gallmücken, während sich *H. aculeifer* auch von Collembolen und *Rhizoglyphus robini* (Blumenzwiebelmilbe) ernähren kann.

Die Entwicklungsdauer von *H. miles* beträgt bei 22°C, 65% rel. Luftfeuchte und 16h Licht mit *Lycoriella solani* als Beute ca. 14 Tage. Die Weibchen leben durchschnittlich 82 Tage und die Männchen bis zu 168 Tage. Durchschnittlich werden 1–3 Trauermückenlarven pro Tag vertilgt und insgesamt 30–44 Eier/Raubmilbenweibchen abgelegt.

2.2 DIE RÄUBERISCHE GALLMÜCKE *APHIDOLETES APHIDIMYZA (CECIDOMYIIDAE)* UND IHRE ANWENDUNG GEGEN BLATTLÄUSE

Als Vetreter der räuberischen Gallmücken kommt überwiegend *Aphidoletes aphidimyza* zur Kontrolle von Blattläusen zum Einsatz. Daneben wird in manchen Ländern *Therodiplosis sp.* gegen Spinnmilben verwendet.

Aussehen

Erwachsene: Die 2,5 mm langen Gallmücken besitzen einen bräunlich bis rötlich gefärbten Hinterleib und sind vorwiegend nachts aktiv.

Eier: 0,3 mm groß, länglich und orangerot gefärbt.

Larven: Die 0,5 mm langen Larven sind orangerot und an beiden Seiten zugespitzt (Abb. 111).

Abb. 111: Gallmückenlarven beim Anstechen von Blattläusen.

Abb. 112: Gallmückenlarven in einer Blattlauskolonie. Reste ausgesaugter Blattläuse erscheinen schwarz.

Entwicklung und Lebensweise

Die erwachsenen Gallmücken, die sich vorwiegend von Honigtau ernähren, werden durch die Ausscheidungen der Blattläuse angelockt und legen gezielt in der Nähe von Blattlauskolonien mehrere Eier ab. Die Anzahl der Eier nimmt mit der Anzahl der vorhandenen Blattläuse zu. Die erwachsenen Nützlinge leben zirka 1–2 Wochen und legen durchschnittlich 100 Eier ab. Nach 2–3 Tagen schlüpfen die Larven. Besonders fraßaktiv und daher sehr wirksam sind die jungen Larven. Sie stechen die Beute mit den Mundwerkzeugen an weichen Körperstellen an, scheiden ein lähmendes Gift ab und saugen die Läuse aus. Es werden mehr Schädlinge angestochen und abgetötet als gefressen (Abb. 112). Die 4 Larvenstadien haben gemeinsam eine Entwicklungszeit von zirka 1–2 Wochen, in der sie durchschnittlich 60–70 Läuse vertilgen. Zwei Wochen nach der Verpuppung (Überwinterungsstadium) im Boden schlüpfen die erwachsenen Räuber. *A. aphidimyza* kann alle wichtigen Blattlausarten an Gewächshauskulturen fressen. Der Tatsache, dass bei einer Gesamtentwicklungsdauer von durchschnittlich 3 Wochen der Anteil der fraßaktiven Larvenstadien nur ca. 5–7 Tage beträgt, muss bei den Einsatzintervallen je nach Stärke des Blattlausbefalls Rechnung getragen werden.

Anwendung und Zucht

Die im Handel erhältlichen Gallmücken werden als Puppen in feuchtem Substrat (Torf oder Vermiculit) geliefert. Zur Ausbringung gelangen 2–5 Gallmückenpuppen pro m². Die Anwendung sollte nach 14 Tagen wiederholt werden, um mehrere sich überschneidende Generationen des Nützlings zu erzielen (s. o.).

Die Temperatur der Erde, auf die die Gallmückenpuppen gelangen, darf nicht unter 10°C absinken. Die Tageslänge muss 16 Stunden betragen, da sonst die Gallmücken in Diapause gehen. Sollen die Gallmücken in einer

Jahreszeit mit kürzerer Lichtdauer eingesetzt werden, genügt eine Zusatzbeleuchtung mit einer 60W-Glühbirne, um die Nützlinge zum Schlüpfen zu bringen. Neben dem direkten Einsatz der Gallmücken beim ersten Auftreten der Blattläuse wird auch die „offene Zucht“ (=„Open-Rearing“-System) (siehe S. 101) empfohlen. Ameisen, die vom Honigtau der Blattläuse angelockt werden, beeinträchtigen die Gallmücke und sollten daher von den Pflanzen ferngehalten werden.

2.3 RÄUBERISCHE WANZEN

2.3.1 Raubwanzen gegen Thripse

Räuberische Wanzen werden vorrangig zur Thripsbekämpfung, in geringerem Umfang auch zur Kontrolle der Weißen Fliege eingesetzt. Darüber hinaus können sich alle nachfolgend genannten Raubwanzen aufgrund ihrer polyphagen Ernährungsweise von anderen Schaderregern und Blütenpollen ernähren.

Abb. 113:
Adulte *Orius majusculus*.

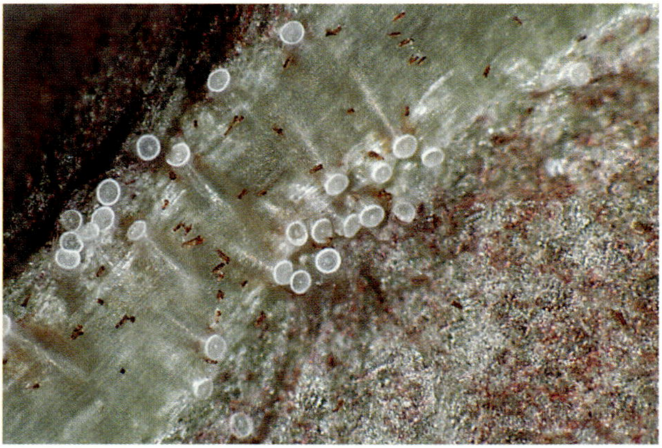

Abb. 114:
Eiablagen von Orius *majusculus*.

Zur Kontrolle von schädlichen Thripsen sind z. B. derzeit in Österreich *Orius laevigatus* und *O. majusculus* zugelassen. Darüber hinaus sind international auch *O. insidiosus, O. tristicolor, O. albidipennis, O. niger, O. limbatus, O. minutus, O. vicinus* sowie diverse *Anthocoris*-Arten (z. B. *A. nemorum*) im Einsatz oder in Erprobung.

Orius-Arten

Aussehen

Erwachsene: ca. 3–5 mm groß, braunschwarz gefärbt (Abb. 113).

Eier: ca. 0,5 mm, milchig weiß, flaschenförmig in Pflanzengewebe, bevorzugt in Blattadern oder Stängel eingesenkt (Abb. 114).

Nymphen (5 Stadien): zunächst hellorange, später orangebraun und dann wie Erwachsene.

Entwicklung und Lebensweise

Durchschnittswerte bei 25°C, 75% rel. Luftfeuchte, 16h Licht:

	Frankliniella occidentalis	*Orius laevigatus*	*Orius majusculus*
Dauer Gesamtentwicklung	16–18 Tage	14–16 Tage	14–18 Tage
Lebensdauer	20–25 Tage	18 Tage	20 Tage
Anzahl Eier/Weibchen	40	120–160 E	240–30 E
Diapause	nein	ja (12hL:12hD)	ja (16hL:8hD)
Fraßleistung/gesamt	/	42 *F. occ.*	45 *F. occ.*

Orius-Raubwanzen können bis zu 10 Thripse pro Tag fressen, wobei alle Entwicklungsstadien als Nahrung angenommen werden. Zur Anzucht werden die Raubwanzen mit UV-sterilisierten oder tiefgefrorenen Eiern von *Ephestia kühniella* (auch *Sitotroga cerealella* möglich) in belüftbaren Behältern, teilweise mit Wasserversorgung, ernährt. Den Raubwanzen werden in den Anzuchtgefäßen einerseits Versteckmöglichkeiten zur Vermeidung von möglichem Kannibalismus und andererseits verschiedene Substrate für die Eiablage wie z. B. Blätter von Cyclamen oder Pelargonien oder Bohnenschoten angeboten. Bei der Ausbringung werden entweder erwachsene Tiere oder das letzte Nymphenstadium mit Vermiculit oder Schrot ausgestreut. Erwachsene Wanzen werden allerdings vom Licht angezogen und können daher u. U. Gewächshäuser durch die Lüftungsklappen verlassen. *Orius*-Raubwanzen werden erst ab einer ausreichenden Befallsstärke gegen Thripse eingesetzt und finden sowohl in Gemüse als auch im Zierpflanzenbereich Anwendung. Üblicherweise werden bei Gemüse 2–5 Stck./m^2 und bei Zierpflanzen 5–10 Stck./m^2 mehrfach freigelassen.

2.3.2 Raubwanze gegen Weiße Fliegen und Blattläuse

Die polyphage Raubwanzenart *Macrolophus caliginosus* wird in manchen Ländern gegen Weiße Fliegen und gegen *Macrosiphum*-Blattläuse an Tomaten eingesetzt. Die Raubwanzen sind als erwachsene Tiere 3–4mm groß, grünlich gefärbt, leben ca. 6 Wochen und weisen keine Diapause auf. Die Eiablage pro Weibchen beträgt max. 250 Eier. Die Entwicklung verläuft vom Eistadium über 5 Larvenstadien und dauert insgesamt ca. 4 Wochen. Als Einsatzmenge werden 1–2 Wanzen/m^2 empfohlen.

2.4 DIE FLORFLIEGE *CHRYSOPA CARNEA* UND IHRE ANWENDUNG GEGEN BLATTLÄUSE

Aussehen (Abb. 115)

Erwachsene: Die 10 bis 15 mm großen Netzflügler sind grün, besitzen auffällig leuchtende Augen und tragen im Ruhezustand die durchsichtigen, genetzten Flügel dachförmig über dem Hinterkörper.

Eier: 0,5–0,7 mm an langen Stielen (bis 2 cm), meist in Gruppen in der Nähe von Blattlauskolonien abgelegt.

Larven: 1,5–8 mm; mit großen Beißzangen ausgestattet.

Abb. 115: Florfliege: erwachsenes Tier, Eigelege und Larve.

Entwicklung und Lebensweise

Die erwachsenen Florfliegen leben zwischen 4 und 8 Wochen. Nach einem Reifungsfraß werden zwischen 300 und 700 Eier pro Weibchen abgelegt. Die nach etwa 5 Tagen aus ihren Eiern schlüpfenden Larven können während ihrer 2–3-wöchigen Lebensdauer bis zu 500 Blattläuse vertilgen. Die Verpuppung erfolgt am Blatt und dauert ca. 2 Wochen. Die Gesamtentwicklungsdauer beträgt durchschnittlich 4–5 Wochen. Florfliegen überwintern als erwachsene Tiere an geschützten Stellen im Freien oder in Gebäuden. *C. carnea* ist diapauseabhängig. Florfliegen sind polyphag und können verschiedenste Schädlinge vertilgen.

Anwendung

Bei der Anzucht bemüht man sich den unter den Larven auftretenden Kannibalismus durch das Angebot von einzelnen Anzuchteinheiten pro Tier möglichst gering zu halten. Vorwiegend werden zur Anzucht

Kunstfuttermischungen oder Ersatznahrung wie z. B. *Ephestia kühniella* oder *Sitotroga cerealella* verwendet. Die Ausbringung erfolgt entweder als Larven in unterteilten, mit Gaze versiegelten Pappkartonstreifen, durch Ausstreuen von Larven in verschiedenen Substraten oder durch das Verspritzen der Chrysopa-Eier. Es werden mindestens 5 Eier/m^2 eingesetzt.

2.5 MARIENKÄFER

2.5.1 *Cryptolaemus montrouzieri (Mulsant)* und seine Anwendung gegen Woll- und Schmierläuse *(Pseudococcidae)*

Aussehen

Käfer: ca. 4 mm groß, Kopf orange-rot gefärbt, Körper schwarz. Körperende orange-rot. Vorderes Beinpaar, beim Männchen gelb-orange und beim Weibchen grau-schwarz

Eier: länglich, gelb, ca. 0,5 mm groß.

Larven: bis 13 mm groß, mit langen weißen Wachsfäden überzogen (4 Stadien).

Puppe: bis 10 mm groß, mit langen weißen Wachsfäden überzogen.

Entwicklung und Lebensweise

Sowohl die Larven (Abb. 117) als auch die erwachsenen Käfer (Abb. 116) ernähren sich von Schmierläusen. Die Gesamtentwicklung der Käfer dauert ca. 35 Tage bei 25°C. Bis zu 450 Eier pro Weibchen (durchschnittlich ca. 120) werden direkt an die Kolonien der Wirtstiere abgelegt. Nach 6–9 Tagen schlüpfen die Larven, die wegen ihres weißen Wachsüberzuges mit den Schmierläusen verwechselt werden können. An die ca. 3 Wochen dauernden 4 Larvenstadien schließt sich für 5–11 Tage das Puppenstadium an. Die Lebensdauer der Käfer beträgt bis zu 14 Wochen, während derer ein Nützling ca. 300 Schmierlausstadien vertilgen kann.

Abb. 116: Erwachsener Marienkäfer *Cryptolaemus montrouzieri.*

Abb. 117 (von oben nach unten): Eier und Larvenstadien der Schmierlaus *Planococcus citri* (links) bzw. mit Puppenstadium des Marienkäfers *C. montrouzieri* (rechts).

Anwendung und Zucht

Eine Massenanzucht dieses Marienkäfers erfolgt auf Schmierläusen, die auf Dunkeltrieben von Kartoffeln gezüchet werden. *C. montrouzieri* wird als erwachsener Käfer eingesetzt, wobei ca. 2–5 Käfer pro m^2 bzw. 5 Käfer pro Pflanze als Einsatzdichte empfohlen werden. *C. montrouzieri* benötigt für einen erfolgreichen Einsatz Temperaturen von mindestens 20°C. Unter 16°C werden die Käfer inaktiv. Eine mehrfache Freilassung ist empfehlenswert, da sich neue Generationen schwer aufbauen.

Entwicklungs- und Lebensdauer von *Planococcus citri* und *Cryptolaemus montrouzieri* bei verschiedenen Temperaturen:

Temperatur	Entwicklungsdauer *P. citri*	Entwicklungsdauer *C. montr.*	Lebensdauer *C. montr.*
18°C	81 Tage	70 Tage	110–120 Tage
26°C	32 Tage	33 Tage	/
30°C	29 Tage	25 Tage	85–95 Tage

2.5.2 Marienkäfer gegen Schildläuse

Gegen Deckelschildläuse *(Diaspididae)* werden hauptsächlich *Chilochorus*-Arten (z. B. *Ch. nigritus*) und *Lindorus ophantae* eingesetzt. Beide Marienkäferarten fressen sowohl Larven als auch erwachsene Schildläuse. Die Entwicklung verläuft über das Eistadium, 4 Larvenstadien und das Puppenstadium bis zum erwachsenen Käfer. Die Entwicklungsdauer bei *Chilocorus sp.* beträgt 3–6 Wochen, die Lebensdauer mindestens 2 Monate. Pro Weibchen werden bis zu 600 Eier insgesamt abgelegt. Pro Pflanze wird eine Einsatzmenge von 2–5 Käfern empfohlen.

3. PARASITOIDE

3.1 ERZWESPE *(CHALCIDOIDEA) ENCARSIA FORMOSA GAH.* GEGEN „WEISSE FLIEGEN"

Der am häufigsten eingesetzte Parasitoid gegen Weiße Fliegen *(Trialeurodes vaporariorum, Bemisia tabaci)* an Gewächshauskulturen ist *Encarsia formosa*. Daneben werden seit dem verstärkten Auftreten von *Bemisia tabaci* auch andere Erzwespen wie *Eretmocerus mundi, Eretmocerus californicus, Encarsia tabacivora, Encarsia luteola* eingesetzt bzw. erprobt.

Aussehen (Abb. 118)

Erwachsene Tiere: Die zirka 1 mm langen Erzwespen weisen einen schwarzen Kopf und Vorderleib sowie einen gelben Hinterleib auf und besitzen durchsichtige Flügel.

Entwicklung und Lebensweise

Durchschnittswerte bei 25°C, 65% rel. Luftfeuchte, 16h Licht:

	T. vaporariorum	*B. tabaci*	*E. formosa*
Entwicklungsdauer Ei – Erwachsene	21–28 Tage	35–56 Tage	21–28 Tage
Lebensdauer Erwachsene	28 Tage	21 Tage	7–14 Tage
Maximale Eizahl/Tag und Weibchen	5–10 ges. 300	91	5–6
Host-feeding *E. formosa*	2,8/Tag	2,3/Tag	/

Encarsia formosa vermehrt sich durch Jungfernzeugung (Parthenogenese), bei der hauptsächlich weibliche Nachkommen entstehen. Die Weibchen legen bevorzugt in das 3. und 4. Larvenstadium der „Weißen Fliegen" je ein Ei ab, aus dem sich über mehrere Larven- (= Nymphen) und ein Puppenstadium (= Pseudopuparium) das erwachsene Tier entwickelt. Als Nahrung wird von den erwachsenen Parasitoiden unter anderem auch Honigtau aufgenommen, der von Larven der „Weißen Fliegen" abgeschieden wird. Jüngere Larvenstadien (1./2.) der „Weißen Fliege" werden zum Zweck der Nahrungaufnahme mit dem Legestachel angestochen und ausgesaugt **(= Host-feeding).**

Nach zirka 10 Tagen beginnt sich das parasitierte Larvenstadium der „Weißen Fliege" schwarz *(T. vaporariorum,* Abb. 119*)* bzw. bernsteinfarben *(B. tabaci,* Abb. 120*)* zu verfärben. Die fertige Zehrwepse schlüpft durch ein von ihr gebohrtes, rundes Loch aus.

Anwendung und Zucht

Die Anzucht erfolgt auf Tabakpflanzen, die mit geeigneten Larvenstadien der Weißen Fliege besiedelt sind. Die parasitierten Pseudo-Puparien werden von den Planzen abgewaschen und auf kleine Kartonkärtchen aufgeklebt (Abb. 121). Diese werden dann gleichmäßig im Pflanzenbestand verteilt. Im Allgemeinen empfiehlt es sich bei Gemüse bis zu 5–10 *E. f.*/m² an mehreren Freilassungsterminen in 7–14-tägigen Abständen auszusetzen. Bei Zierpflanzen, insbesondere bei Poinsettien wird wöchentlich mit Einsatzraten von 0,3–1 *E. f.*/m², bei größeren Zeitintervallen mit 10 *E. f.*/m² während der Kulturdauer gearbeitet. Dabei wirkt *E. formosa* weniger durch die Parasitierung, als durch das Host-feeding. Die ausgesaugten Weiße Fliege-Larven vertrocknen und fallen ab, wodurch die Pflanzen als befallsfrei erscheinen.

Abb. 118: Erwachsene *Encarsia formosa*.

Abb. 119: Nicht parasitierte (weiße) und durch *E. formosa* parasitierte (schwarze) Lavenstadien von *T. vaporariorum*.

Abb. 120:
Nicht parasitierte (weiße) und durch *E. formosa* parasitierte (bernsteinfarbene) Larvenstadien von *B. tabaci*.

Abb. 121:
Kartonkärtchen mit von *E. formosa* parasitierten Puparien der „Weißen Fliege".

3.2 SCHLUPFWESPEN *(APHIDIIAE, BRACONIDAE)* GEGEN BLATTLÄUSE

Die beiden am häufigsten eingesetzten Schlupfwespen sind *Aphidius colemani* und *Aphidius matricariae*. Daneben werden in geringerem Umfang auch *Aphidius ervi, Praon sp.* und *Ephedrus sp.* verwendet bzw. erprobt.

Erwachsene Tiere

Die 2–4 mm großen Schlupfwespen, mit meist dunklem Kopf und Vorderleib, besitzen zum Anstechen der Wirte einen sehr beweglichen Hinterleib. Sie leben vorwiegend von Honigtau. Die gesamte Entwicklung verläuft über mehrere Larven- und ein Puppenstadium.

Entwicklung und Lebensweise

Durchschnittswerte bei 25°C, 65% rel. Luftfeuchte, 16h Licht:

	Myzus persicae	*A. matricariae*
Gesamtentwicklungs-dauer	ca. 10 Tage	10–14 Tage
Lebensdauer	21–28 Tage	7–14 Tage
Eiproduktion/Weibchen	40–80	200–500

Die erwachsenen Schlupfwespen werden durch den Honigtau der Blattläuse angelockt. Die Weibchen legen je ein Ei bevorzugt in den Hinterleib der Blattläuse ab. Die Schlupfwespenlarve lebt im Inneren des parasitierten Blattlauskörpers von dessen Körpersubstanz. Nach dem letzten Larvenstadium verfärbt sich der Wirt und die äußere Hülle erhärtet. Dadurch entstehen die so genannten Mumien, die hellbraun bis schwarz gefärbt sein können. *Aphidius*-Arten gehen bei < 15°C und 16h Licht in Diapause. Bei der Gattung *Praon* verpuppt sich die Larve außerhalb der Mumie. **Die meisten Blattlausparasitoide sind sehr wirtsspezifisch. Es ist daher wichtig, vor dem Nützlingseinsatz die Blattlausarten genau zu bestimmen.** *A. colemani* parasitiert alle im Gewächshaus wichtigen Blattlausarten (Abb. 122), außer *Macrosiphum*-Arten. *Aphidius matricariae* hat sich besonders gegen die meisten Myzusarten bewährt (Abb. 123). *A. ervi* wird als besonders effektiv gegen die in der letzten Zeit häufiger auftretenden *Aulacorthum solani, Myzus nicotianae* und *Macrosiphum*-Arten beschrieben.

Entwicklung und Lebensweise

Entwicklungsdauer bei 25°C, 65% rel. Luftfeuchte, 16h Licht (Durchschnittswerte):

	Aphis gossypii	*A. colemani*
Entwicklungsdauer	5–9 Tage	10–13 Tage
Lebensdauer	5–10 Tage	4–6 Tage
Eiproduktion/Weibchen ges.	40–80	300

Anwendung und Zucht

Die Anzucht erfolgt meistens auf den spezifischen Blattlausarten, gegen die die Parasitoide eingesetzt werden sollen. Die Blattlausmumien werden von den Wirtspflanzen der Blattläuse gelöst und in kleine Plastikröhrchen mit belüftetem Verschluss gefüllt. Ausgebracht werden die Mumien, oder die erwachsenen Schlupfwespen, die bereits während des Transportes geschlüpft sind. Die Röhrchen sollten vor Wassereintritt geschützt werden.

Abb. 122: Gurkenblatt mit durch *Aphidius colemani* parasitierten Gurkenblattläusen (Mumien von *Aphis gossypii*).

Abb. 123: Blattlausmumie nach dem Schlupf von *Aphidius matricariae*.

Abb. 124: „Offene Zucht" von Blattlausnützlingen in Gewächshausgurken.

Üblicherweise werden in Gemüse die Blattlausschlupfwespen mittels „offener Zucht" eingesetzt (Abb. 124). Bei weiteren Freilassungen werden 1–2 Schlupfwespen/m^2 in 7–14-tägigen Abständen eingesetzt.

Blattlausschlupfwespen werden im Sommer häufig auch selbst von so genannten Hyperparasiten befallen.

Aphelinus abdominalis (Zehrwespe)

A. abdominalis ist im Vergleich zu anderen massengezüchteten Parasitoiden vor allem auf *Macrosiphum*-Arten wie *M. euphorbiae* und *M. rosae* spezialisiert. Die Adulten sind 1–2 mm groß (Abb. 125.

Die Entwicklungsdauer bei durchschnittlichen Bedingungen beträgt 3 Wochen, die Lebensdauer 4–6 Wochen. Es werden 200–500 Eier insgesamt pro Weibchen abgelegt. Die Blattlausmumien verfärben sich nach 1 Woche bis 10 Tagen schwarz. Der Anteil des Host-feedings an der Abtötung der Blattläuse ist bedeutend. *A. abdominalis* ist bereits bei niedrigen Temperaturen ab 10°C wirksam. Die Zucht und Anwendung erfolgt wie bei den o. a. *Aphidius*-Arten.

3.3 SCHLUPFWESPEN *(BRACONIDAE, EULOPHIDAE, PTEROMALIDAE)* GEGEN MINIERFLIEGEN

Zu den wichtigsten Gegenspielern zählen Parasitoide aus den Familien der *Braconidae, Eulophidae* und *Pteromalidae*.

Im Wesentlichen werden *Dacnusa sibirica, Opius pallipes, Diglyphus isaea* u. a. gegen verschiedene *Agromyzidae* wie *Liriomyza trifolii, L. huidobrensis* und *L. bryoniae* eingesetzt.

Erwachsene Tiere:

Dacnusa sibirica ist schwarz gefärbt, bis zu 3 mm groß und besitzt sehr lange Fühler (Abb. 126). *Diglyphus isaea* ist metallisch glänzend, nur bis 2 mm groß und hat kurze, geknickte Fühler (Abb. 127).

Entwicklung und Lebensweise

D. sibirica und *O. pallipes* legen die Eier direkt in die Wirtstierlarven und durchlaufen dort die gesamte Entwicklung (**Endo**parasit). Da die Larven des Schädlings die Verpuppung im Boden durchführen, schlüpfen die fertigen Parasiten aus dem Boden. *Diglyphus isaea* legt die Eier neben den Minierfliegenlarven ab (Abb. 128) und befrisst die Larve von außen (**Ekto**parasit). Die gesamte Entwicklung bis zum erwachsenen Tier findet am Blatt statt.

Nicht nur Larven, sondern auch die erwachsenen Schlupfwespen tragen durch ihre Fraßtätigkeit zur Schädlingsreduktion bei.

Durchschnittswerte bei 65% rel. Luftfeuchte, 16h Licht:

	L.trifolii	*L. bryoniae*	*D. sibirica*	*D. isaea*
Entwicklungsdauer				
15°C	44 Tage	41 Tage	32 Tage	26 Tage
25°C	16 Tage	17 Tage	16 Tage	13 Tage
Lebensdauer				
15°C	17 Tage	14 Tage	20 Tage	23 Tage
25°C	13 Tage	7 Tage	7 Tage	10 Tage
Eizahl/Weib./ges.				
15 °C	42	92	225	293
25°C	280	163	48	209

Abb. 125: *Macrosiphum*-Blattlaus (Mumie) durch *Aphelinus abdominalis* parasitiert.

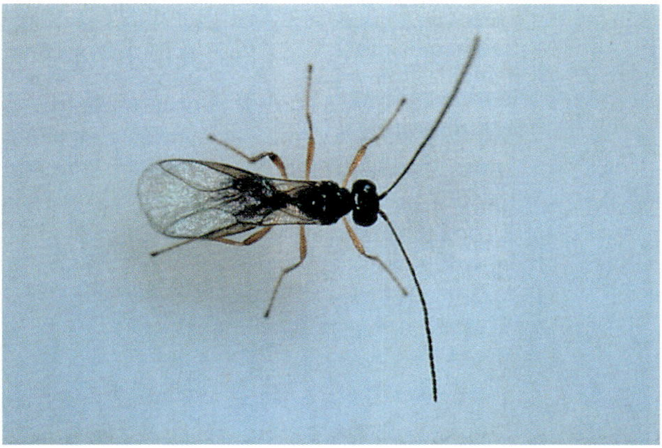

Abb. 126: Erwachsene *Dacnusa sibirica*.

Abb. 127: Erwachsene *Diglyphus isaea*.

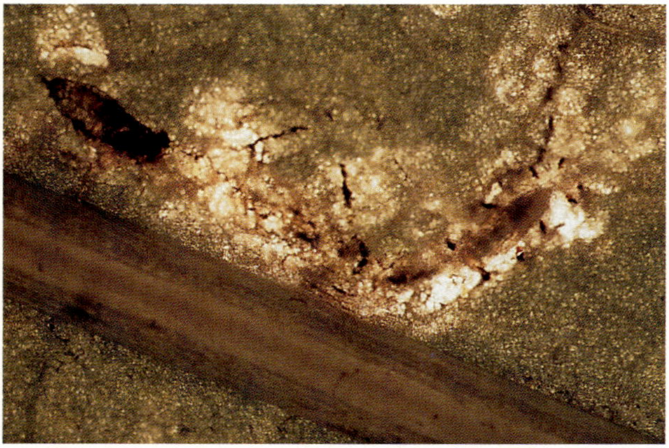

Abb. 128: Minierfliegengang im Blatt mit Puppe von *Diglyphus isaea*.

Anwendung

Beim ersten Auftreten von Miniergängen sollten 100–200 Parasiten/100m² ausgebracht werden. Zusätzlich eignen sich gelbe Klebefallen zum Abfangen der erwachsenen Minierfliegen.

Die Minierfliegenparasitoide werden als erwachsene Tiere in Plastikflaschen verschickt. Den Erstbefall durch Minierfliege kann man u. a. an den „Fraßpunkten" erkennen, die von den Minierfliegen mit dem Legestachel gebohrt werden, um einerseits Flüssigkeit aus dem Blatt aufzunehmen und andererseits Eier abzulegen. Im Gemüse wird der Einsatz vor dem Auftreten der ersten Miniergänge mit einer Einsatzrate von 0,5–1,0 *D.s.*/m² bzw. 0,2–0,5 *D.i.*/m² in 7–14-tägigen Abständen empfohlen. Bei Zierpflanzen liegt die Einsatzrate bei 0,5–1,0 *D.s.*/m² bzw. 0,5–1,0 *D.i.*/m² in 7–14-tägigen Intervallen.

3.4 SCHLUPFWESPEN GEGEN WOLL- UND SCHMIERLÄUSE

Derzeit werden vorwiegend *Leptomastix dactylopii* und *Leptomastidea abnormis* eingesetzt.

Aussehen

Erwachsene: Beide gelblich braun gefärbt *L. dactylopii* ca. 3 mm; *L. abnormis* ca. 2 mm.

Lebensweise

Beide Parasitoide sind Endoparasiten. *L. dactylopii* bevorzugt das 3. und 4. Larvenstadium sowie junge Weibchen mit Eisack, während *L. abnormis* das 2. und 3. Entwicklungsstadium der Schmierläuse bevorzugt. Die Schmierläuse werden zu Mumien mit harter Außenhaut. *L. dactylopii* ist auf *P. citri* spezialisiert und an höhere Temperaturen besser angepasst, während *L. abnormis* verschiedene Schmierlausarten parasitieren kann und auch bei niedrigeren Temperaturen effektiv ist.

Durchschnittswerte bei 65% rel. Luftfeuchte, 16h Licht

	L. dactylopii	*L. abnormis*	*P. citri*
Entwicklungsdauer			
18° C	45 Tage	7 Tage	81 Tage
26° C	15 Tage	23 Tage	32 Tage
Lebensdauer			
18°C	15 Tage	12–23 Tage	/
26°C	26 Tage	14 Tage	/
Eizahl/Weib./T.			
18 °C	0,7	2,3	ca. 5
26°C	3,7	6,7	ca. 3

3.5 SCHLUPFWESPEN GEGEN SCHILDLÄUSE

Gegen Deckelschildläuse *(Diaspididae)* wird vorwiegend *Aphytis melinus* eingesetzt. Dieser Ektoparasit kann Larven und junge erwachsene Deckelschildläuse befallen und sich während der 3 Larvalstadien von diesen ernähren. Die Verpuppung erfolgt unter dem leer gefressenen Schildlausdeckel. Die gesamte Entwicklungsdauer beträgt bei 25°C ca. 3 Wochen, wobei zwischen 30–60 Eier/Weibchen abgelegt werden.

Zur Kontrolle von Napfschildläusen (*Saisettia*-Arten und *Coccus*-Arten) werden veschiedene Schlupfwepsen wie z. B. *Metaphycus helvolus, Microterys flavus, Coccophagus licymnia* und *Encyrtus lecaniorum* eingesetzt.

Abb. 129: Parasitierte Schildlaus *Coccus hersperidum* mit Schlupfloch von *Microterys flavus*.

Diese Parasitoide sind teilweise sehr artspezifisch. Parasitierte Napfschildläuse verfärben sich schwarz oder zeigen eine ringförmige Aufhellung und 2–3 Wochen nach der Parasitierung ein Schlupfloch. Bei *M. helvolus* beträgt der Anteil des „Host-feedings" an der nützlichen Wirkung bis zu 75%.

Alle genannten Parasitoide benötigen für einen erfolgreichen Einsatz Mindesttemperaturen von 20°C und sollten in Mengen von 5–10 Stck./Pflanze eingesetzt werden.

4. INSEKTENPATHOGENE NEMATODEN *(RHABDITIDA)*

4.1 NEMATODEN GEGEN DICKMAULRÜSSLER

Zur Kontrolle der Larven von Dickmaulrüsslern (z. B. Gefurchter Dickmaulrüssler, *Otiorrhynchus sulcatus*) werden hauptsächlich die Nematoden *Heterorhabditis bacteriophora, H. heliothidis* und *Steinernema carpocapse* eingesetzt.

Aussehen

Etwa 1 Millimeter lange Fadenwürmer (Nematoden), die in Vergesellschaftung mit dem Bakterium *Xenorhabdus sp.* leben und sich von diesem ernähren.

Abb. 130: Nicht parasitierte (weißliche) und von Nematoden parasitierte (rötliche, bräunliche) Larven und Puppen des Gefurchten Dickmaulrüsslers *O. sulcatus*.

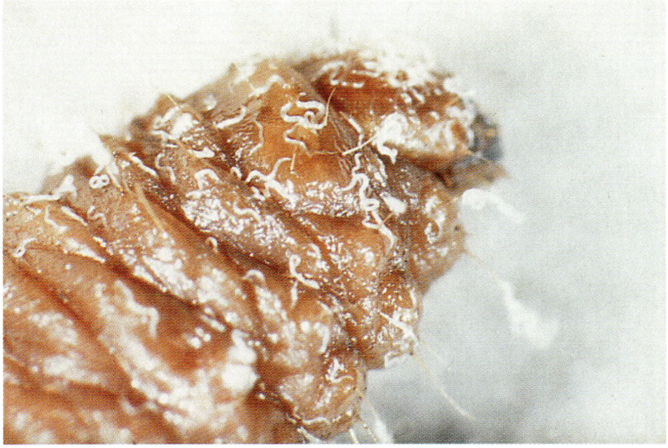

Abb. 131: Larve des Gefurchten Dickmaulrüsslers *O. sulcatus* von *Heterorhabditis sp.* parasitiert mit auswandernden Nematoden.

Entwicklung und Lebensweise

Die infektiösen Stadien der Nematoden (3. Juvenilstadium) suchen aktiv die Larven des Käfers auf und dringen über Körperöffnungen und dünnere Bereiche der Cuticula ein. In die Körperflüssigkeit des Wirtes werden die symbiontischen Bakterien abgesondert, die sich dort vermehren und nach zirka 48 Stunden zu seinem Tode führen. Befallene Käferlarven verfärben sich rötlich oder bräunlich. Die Wirkung des Nematodenpräparates kann man nach ca. 7–10 Tagen an der Verfärbung der befallenen Käferlarven kontrollieren.

Die Nematoden vermehren sich mit bis zu 3 Generationen innerhalb des Wirtes und verlassen diesen frühestens nach etwa 15 Tagen als junge, infektiöse Nematoden, um anschließend neue Käferlarven zu befallen. Wenn keine Wirte mehr zur Verfügung stehen, sterben die meisten Nematoden ab oder verbleiben als infektiöses Dauerstadium im Erdreich. In dieser Form sind sie widerstandsfähig gegenüber ungünstigen Lebensbedingungen und nicht auf Nahrung angewiesen. Diese Fadenwürmer sind wirtsspezifisch und daher nicht gefährlich für Pflanzen oder Warmblüter.

Anwendung

Die Nematoden sollten eingesetzt werden, wenn überwiegend das Larvenstadium des Käfers auftritt. Bei Freilandkulturen liegt dieser Zeitraum z. B. in Österreich etwa zwischen Mitte April und Anfang Juni bzw. zwischen Mitte September bis Mitte Oktober. In Glashäusern oder Folientunnel kann sich dieser Zeitraum aufgrund der kontrollierten Klimabedingungen verschieben. Da es beim Gefurchten Dickmaulrüssler in Unterglaskulturen häufig zu verschobenen oder überlappenden Generationen kommt, reicht eine einzige Behandlung oft nicht aus. Daher sollte eine Frühjahrs- und eine Herbstbehandlung erfolgen.

Die Nematodenpräparate werden in Wasser angesetzt und in den Wurzelbereich gegossen oder gespritzt. Die Suspension sollte während der Behandlung mehrfach aufgerührt werden, um eine gleichmäßige Verteilung der Nematoden zu gewährleisten. Die Wurzelballen der behandelten Pflanzen müssen gut durchfeuchtet werden, da die Nematoden für die Fortbewegung einen Wasserfilm benötigen. Fallweise ist eine kurze Beregnung vor oder nach der Ausbringung nötig. Die Bodentemperaturen sollten mindestens 15°C und nicht mehr als 35°C betragen. Eine Freilandapplikation darf nicht bei direkter Sonnenbestrahlung erfolgen, weil UV-Licht die Nematoden abtötet. Bei der Verwendung von Spritzgeräten sollten nur Düsen mit einem Durchmesser $> 500\ \mu m$ eingesetzt werden. Als Aufwandmenge werden 500.000 Nematoden (Stadium L3)/m^2 Substrat empfohlen.

Die Anzucht der Nematoden erfolgte früher in den Larven der Wachsmotte *Galleria melonella*, während neuere Verfahren die Zucht auf Nährsubstraten erlauben.

4.2 NEMATODEN GEGEN TRAUERMÜCKEN

Gegen die Larven von Trauermücken (z. B. *Bradysia paupera, Lycoriella solani*) können die Nematodenarten *Steinernema bibionis* oder *Steinernema feltiae* eingesetzt werden. Diese Nematodenarten sind ebenfalls mit symbiontischen Bakterien (z. B. *Xenorhabdus bovienii*) vergesellschaftet. Zur Entwicklung, Wirkungsweise und Anwendung siehe 4.1.

5. QUALITÄTSKONTROLLE BEI NÜTZLINGEN

Zur Überprüfung der Qualität von massenproduzierten Nützlingen wurden einheitliche Testverfahren ausgearbeitet. Während die Qualitätskontrolle beim Hersteller auch die Produktionsstätte und den Produktionsablauf umfasst, wird bei amtlichen Kontrollen nur das Produkt selber überprüft. Dabei werden quantitative und qualitative Merkmale untersucht. So wird die Menge der Nützlinge pro Verpackung, die Anzahl der verschiedenen Entwicklungsstadien, das Geschlechterverhältnis und die Anzahl lebender Nützlinge ausgewertet sowie deren Reproduktion getestet. Weiterführende Untersuchungen zur Überprüfung z. B. des Suchverhaltens von Parasitoiden sind in Entwicklung, aber sehr aufwendig in der Durchführung. Derzeit findet die Qualitätskontrolle bei Nützlingen europaweit auf freiwilliger Basis statt.

6. NEBENWIRKUNGSTESTUNG

Bei einem Einsatz von Nützlingen im Rahmen integrierter Produktionsprogramme müssen häufig auch chemische Begleitmaßnahmen gegen Schaderreger, die man nicht mit Nützlingen kontrollieren kann, wie z. B. Mehltaupilze vorgenommen werden. Um den Nützlingen durch den Einsatz ungeeigneter chemischer Behandlungsmittel nicht zu schaden, kommt daher der Kenntnis über die Wirkung dieser Pflanzenschutzmittel auf die vorhandenen Nützlinge große Bedeutung zu. Zur Feststellung dieser nicht erwünschten Nebenwirkungen werden seit über 20 Jahren Versuche im Rahmen gemeinsamer Testprogramme einer internationalen Arbeitsgruppe der IOBC (International Organisation for Biological Control of Noxious Organisms and Plants) durchgeführt. Die Testungen erfolgen mit anerkannten Methoden auf verschiedenen Teststufen, beginnend mit dem Labortest unter standardisierten Bedingungen bis hin zur Freilandtestung unter natürlichen Gegebenheiten. Die erzielten Testergebnisse dienen der Erstellung von integrierten Pflanzenschutzkonzepten für die Beratung. Neben den Auswirkungen chemischer Behandlungsmaßnahmen auf Nützlinge sollte auch der Effekt auf **Hummeln**, die immer häufiger an Fruchtgemüse zur Unterstützung der Bestäubung zum Einsatz gelangen, beachtet werden.

LITERATUR

ALFORD, D. V.: Farbatlas der Obstschädlinge. Erkennung, Lebensweise und Bekämpfung. Ferdinand Enke Verlag, Stuttgart 1986.
BAY, T.: Die Florfliege *Chrysoperla carnea* (Stephens). In: BAY, T.; HOMMES, M.; PLATE, H. P (Hg.): Mitteilungen aus der BBA für Land- und Forstwirtschaft. Berlin-Dahlem 1993, Heft 288, S. 175.
BERLING, R.: Nützlinge und Schädlinge im Garten: Erkennen und richtig handeln. BLV Verlagsgesellschaft 1986.
BOURQUIN, H.-D.: Nützlinge im Weinbau. F. Dümmler Verlag 1986.
BÖHM, H.: Nützlinge, Helfer im Kampf gegen Schädlinge von Kulturpflanzen. Bundesanstalt für Pflanzenschutz, Wien 1955.
BURGES, H. D.; HUSSEY, N. W.: Microbial control of insects and mites. Academic Press 1982.
CHINERY, M.: Insekten Mitteleuropas. Verlag Paul Parey, Hamburg und Berlin 1973.
CHINERY, M.: Pareys Buch der Insekten. Verlag Paul Parey, Hamburg und Berlin 1987.
DIETRICH, G.; STÖCKER, F. W. (Hg.): Fachlexikon ABC Biologie. H. Deutsch, Thun und Frankfurt/M. 3. Aufl. 1976.
DORST, J: Die Vögel in ihrem Lebensraum. In: Enzyklopädie der Natur. Editions Recontre Lausanne 1972.
FORTMANN, M.: Das große Kosmosbuch der Nützlinge. Franckh-Kosmos-Verlag 1993, S. 319.
FRANZ, J. M.; KRIEG, A.: Biologische Schädlingsbekämpfung. Verlag P. Parey, Berlin und Hamburg 3. Aufl. 1982.
GEPP, J.: Gefährdete Vielfalt. In: Umweltreport Österreich. Hg. v. W. Katzmann und H. Schromm. Kremayr & Scheriau, Wien 1986.
GÜNTHER, K.; HANNEMANN, H.-J.; HIEKE, F.; KÖNIGSMANN, E.; SCHUMANN, H.: Insekten. In: Urania Tierreich. Urania Verlag. Leipzig–Jena–Berlin 1. Aufl. 1968.
HASSAN, S. A.; ALBERT, R.; ROST, W. M.: Pflanzenschutz mit Nützlingen. Ulmer-Verlag 1993, S. 188.
HELLE, W.; SABELIS, M. W. (Hg.): World Crops Pests: Spider Mites, Their biology, natural enemies and control, Vol. 1A/B, Elsevier Publishers, Amsterdam 1985.
IOBC/WPRS (Hg.): Nützlinge in Apfelanlagen, Heft Nr. 3 der IOBC Arbeitsgruppe für integrierten Pflanzenschutz im Obstbau, 1. Aufl. 1976.
IOBC/WPRS (Hg.): Die Klopfmethode, Heft Nr. 4 der IOBC Arbeitsgruppe für integrierten Pflanzenschutz im Obstbau, 2. Aufl. 1980.
IOBC/WPRS (Hg.): Visuelle Kontrollen im Apfelanbau, 3. Aufl. 1980. (Die IOBC-Broschüren sind in Österreich nur über das Bundesamt und Forschungszentrum für Landwirtschaft, Institut für Phytomedizin, Spargelfeldstr. 191, A-1226 Wien erhältlich.)
IOBC/WPRS Working group (Hg.): Integrated control (IPM) in glasshouses oder in greenhouse ornamentals.
IOBC/WPRS Bulletin 1980/III/3; 1983/VI/3; 1987/X/2; 1990/XIII/5; 1993/16/8; 1993/16/2; 1996/19/1
JONES, D.: Der Kosmos Spinnenführer. Franckhsche Verlagshandlung, Stuttgart 2. Aufl. 1985.
KAESTNER, A.: Lehrbuch der speziellen Zoologie.
Bd. I: Wirbellose
1. Teil: Gustav Fischer Verlag, Stuttgart 1969.
1. Teil, 2. Halbb.: Gustav Fischer Verlag, Stuttgart 1963.

3. Teil, Insecta: A. Allgemeiner Teil. Gustav Fischer Verlag Stuttgart 1972. Insecta: B. Spezieller Teil. Gustav Fischer Verlag, Stuttgart 1973.
KÜHNELT, W.: Grundriss der Ökologie. VEB Gustav Fischer Verlag, Jena 2. Aufl. 1970.
KULP, D.: Die räuberische Gallmücke *Aphidoletes aphidimyza* (Rondani) (Diptera: Cecidomyiidae). In: KULP, D.; FORTMANN, M.; HOMMES, M. ; PLATE, H. P (Hg.) Mitteilungen aus der BBA für Land- und Forstwirtschaft, Berlin-Dahlem 1989, Heft 250, S. 126.
MINKENBERG, O. P. J. M.; VAN LENTEREN, J. C.: The leafminers *Liriomyza bryoniae* and *Liriomyza trifolii* (Diptera: Agromyzidae), their parasites and host plants: a review. Agric. Univ. Wageningen Papers 1986/2.
MINKS, A. K.; HARREWIJN, P. (Hg.): World Crops pests. Aphids, Their biology, natural enemies and control. Volume 2A/C, Elsevier Publishers, Amsterdam 1993.
NIEDER, G.; HÖBAUS, E.: Krankheiten, Schädlinge und Nützlinge im Weinbau. Beratungsschrift der Bundesanstalt für Pflanzenschutz, Bundesministerium für Land- und Forstwirtschaft. Verlag Jugend & Volk, Wien 1986.
OSCHE, G.: Ökologie. Herder, Freiburg 1979.
PEDERSON, O.; REITZEL, C.; HANSEN, J. u. St.: Pflanzen natürlich schützen – Nützlinge in Treibhaus und Garten, Wolfgang Krüger Verlag 1986.
PETZSCH, H.: Säugetiere. In: Urania Tierreich. Urania Verlag, Leipzig–Jena–Berlin 1. Aufl. 1967.
REICHHOLF-RIEHM, H.: Insekten mit Anhang Spinnentiere. In: Die farbigen Naturführer. Hg. v. G. Steinbach. Mosaik Verlag GmbH, München 1984.
STEINER, H.: Nützlinge im Garten. E. Ulmer GmbH 1985.
STEINER, H.; BAGGIOLINI, M.: Anleitung zum integrierten Pflanzenschutz im Apfelanbau. Hrg. v. Landesanstalt für Pflanzenschutz. Stuttgart, 2. Aufl. 1988.
SUTER, H.; KELLER, S.: Blattläuse und Blattlausfeinde, Bubenberg-Druck- und Verlags-AG, Bern 1990.
VUKOVITS, G.; FISCHER-COLBRIE, P; LÜMEL, S.: Krankheiten, Schädlinge und Nützlinge im Obstbau. Beratungsschrift der Bundesanstalt für Pflanzenschutz, Bundesministerium für Land- und Forstwirtschaft. Verlag Jugend & Volk, Wien 1986.
WEBER, H.; WEIDNER, H.: Grundriss der Insektenkunde. Gustav Fischer Verlag, Stuttgart 5. Aufl. 1974.
ZAHRADNIK, J.: Käfer Mittel- und Nordwesteuropas. P. Parey Verlag, Hamburg und Berlin 1985.

Dieses Literaturverzeichnis bietet nur eine Übersicht über die weiterführende Literatur und erhebt keinen Anspruch auf Vollständigkeit.

BILDNACHWEIS

Alle Abbildungen Bundesamt und Forschungzentrum für Landwirtschaft, Wien mit folgenden Ausnahmen:
Die Zeichnungen der Tafeln 1 und 2 sowie die Abb. 79 wurden mit freundlicher Genehmigung der IOBC/WPRS Broschüre „Nützlinge in Apfelanlagen" entnommen.
Abb. 10: G. Bedlan; Abb. 9, 74, 75, 107–110, 113–114, 118–125, 129–131: S. Blümel; Abb. 111: M. Gross; Abb. 11–18: F. Polesny; Abb. 126–128: M. Stolz; Abb. 117: Ch. Stumpf

ANHANG

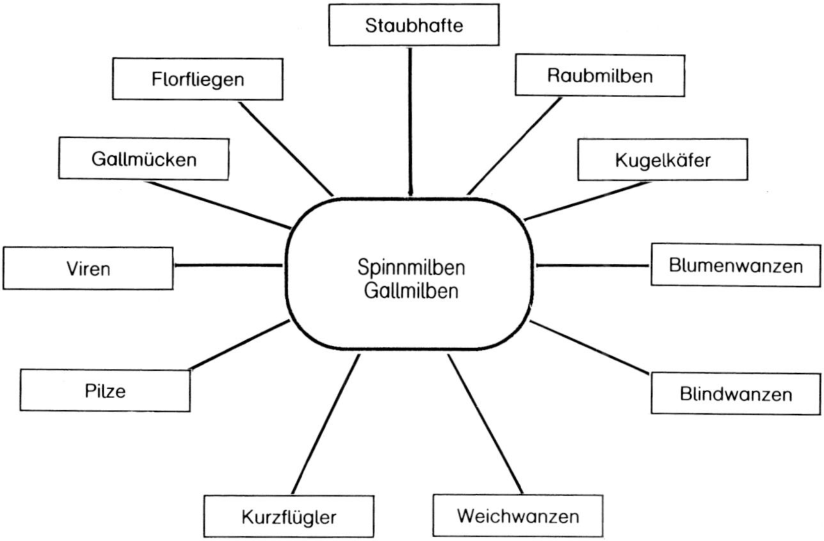
Staubhafte
Florfliegen
Raubmilben
Gallmücken
Kugelkäfer
Viren
Spinnmilben
Gallmilben
Blumenwanzen
Pilze
Blindwanzen
Kurzflügler
Weichwanzen

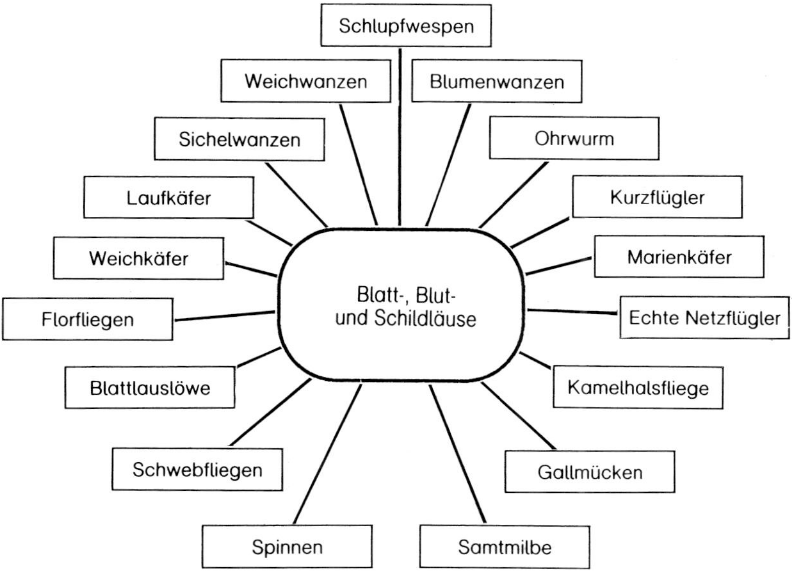
Schlupfwespen
Weichwanzen
Blumenwanzen
Sichelwanzen
Ohrwurm
Laufkäfer
Kurzflügler
Weichkäfer
Marienkäfer
Florfliegen
Blatt-, Blut-
und Schildläuse
Echte Netzflügler
Blattlauslöwe
Kamelhalsfliege
Schwebfliegen
Gallmücken
Spinnen
Samtmilbe

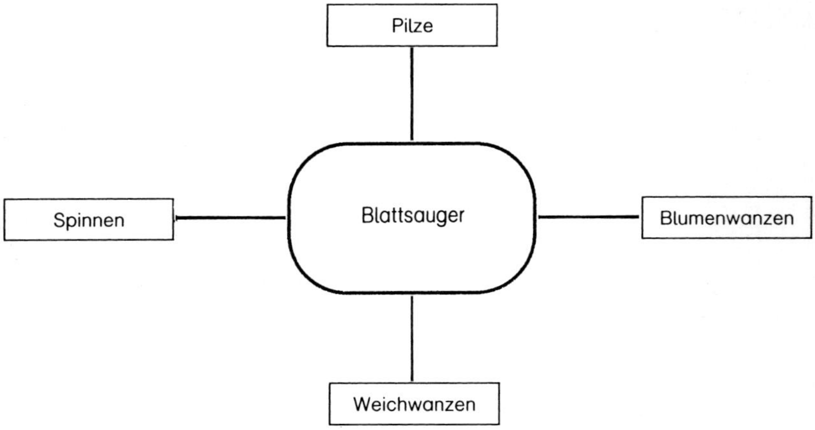
Pilze
Spinnen
Blattsauger
Blumenwanzen
Weichwanzen

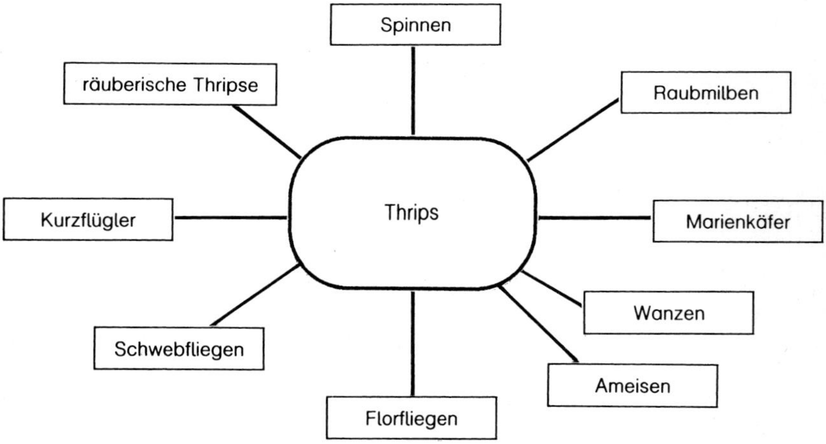
Spinnen
räuberische Thripse
Raubmilben
Kurzflügler
Thrips
Marienkäfer
Wanzen
Schwebfliegen
Ameisen
Florfliegen

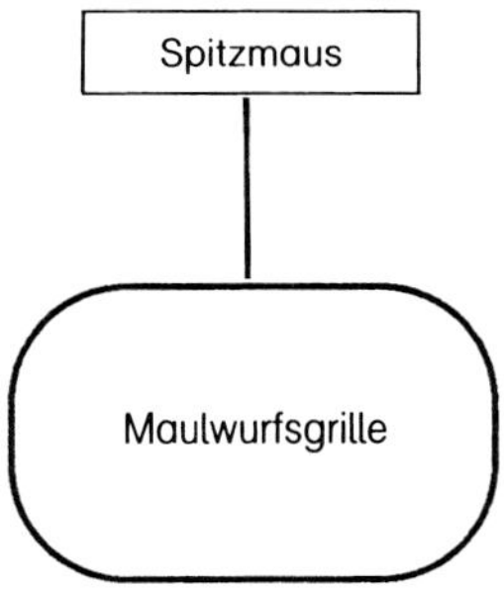
Spitzmaus
Maulwurfsgrille

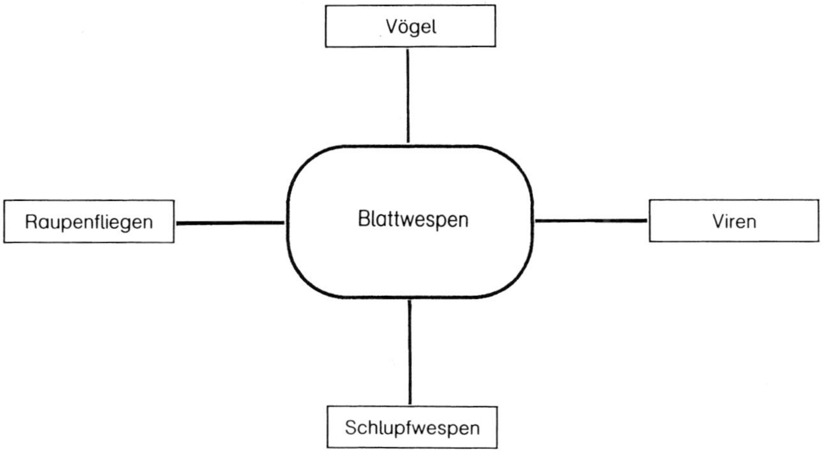
Vögel
Raupenfliegen
Blattwespen
Viren
Schlupfwespen

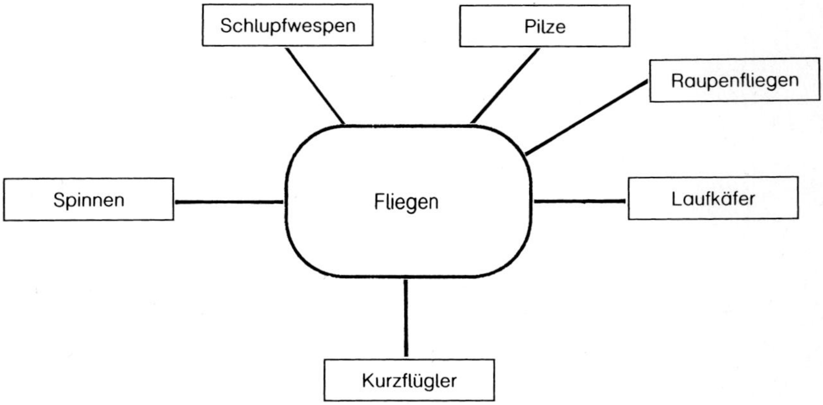
Schlupfwespen
Pilze
Raupenfliegen
Spinnen
Fliegen
Laufkäfer
Kurzflügler

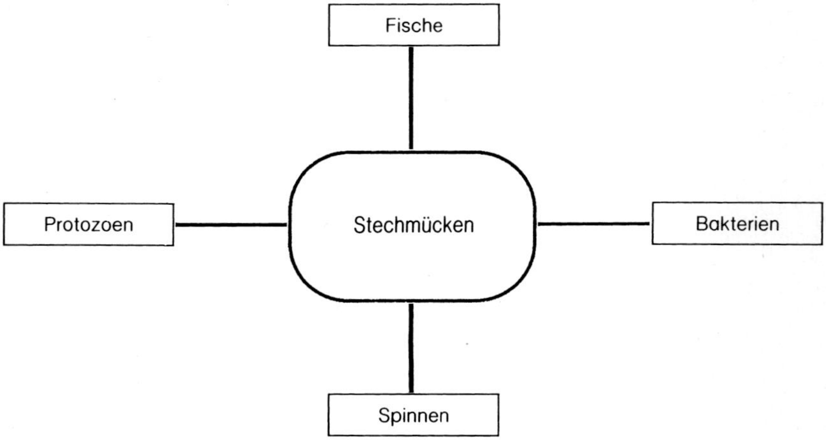
Fische
Protozoen
Stechmücken
Bakterien
Spinnen

Spinnen
Gallmücken
Blumenwanzen

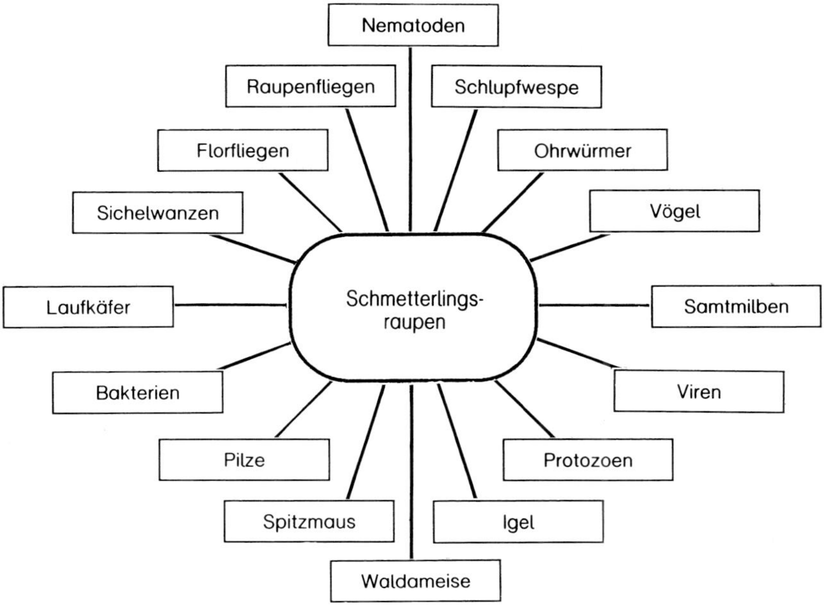
Schmetterlings-
raupen
Nematoden
Raupenfliegen
Schlupfwespe
Florfliegen
Ohrwürmer
Sichelwanzen
Vögel
Laufkäfer
Samtmilben
Bakterien
Viren
Pilze
Protozoen
Spitzmaus
Igel
Waldameise

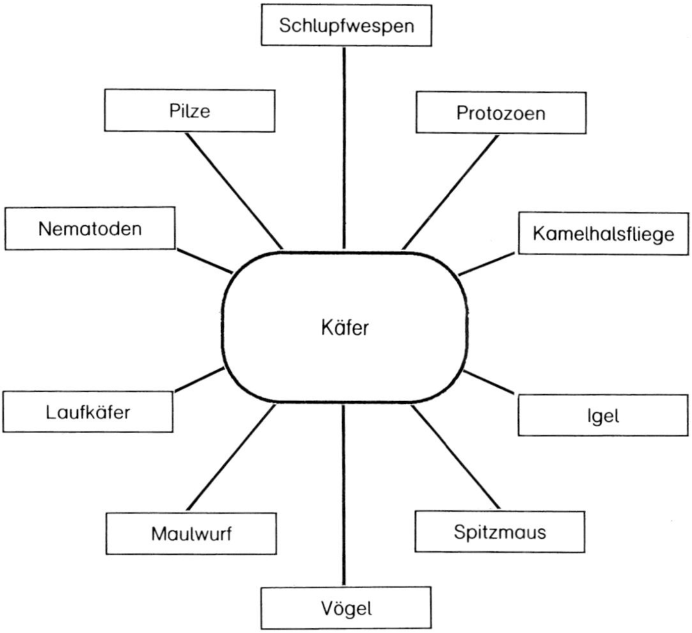
Käfer
Schlupfwespen
Pilze
Protozoen
Nematoden
Kamelhalsfliege
Laufkäfer
Igel
Maulwurf
Spitzmaus
Vögel

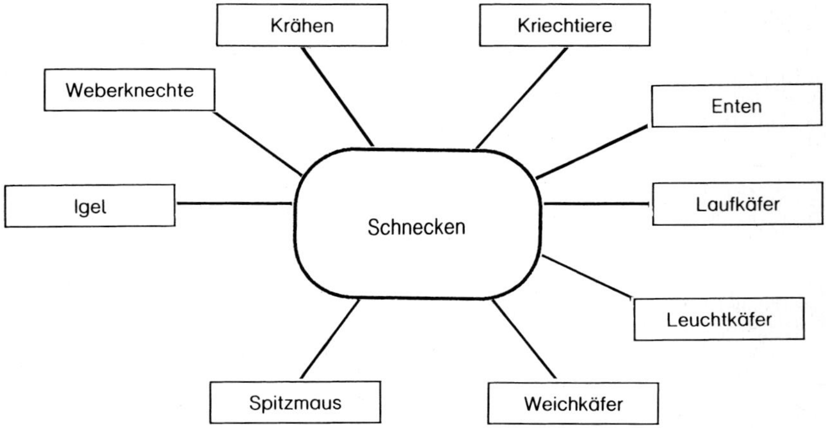
Krähen
Kriechtiere
Weberknechte
Enten
Igel
Schnecken
Laufkäfer
Leuchtkäfer
Spitzmaus
Weichkäfer

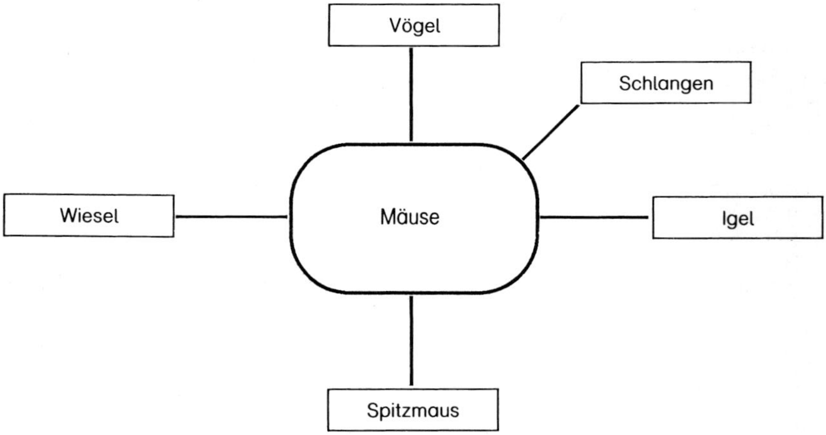
Vögel
Schlangen
Wiesel
Mäuse
Igel
Spitzmaus

INDEX

Die fetten Ziffern beziehen sich auf Abbildungen.

A

B

M

N

O

P

Q

R

S

T

U

V

W

X

Z